Über dieses Buch Gorki hat mehrere Jahre lang in Italien gelebt, hatte eine schwärmerische Liebe für dieses Land, und nur weil alles hier, das Leben, die Natur, die Menschen und Sitten, die Farben, das Licht und die Stimmungen, so anders war als in Rußland, daß es dem russischen Menschen eben wie ein Märchen vorkommen mußte, nannte er seine Geschichten und Szenen aus dem italienischen Alltagsleben – italienische Märchen. In Wirklichkeit sind es kleine Erzählungen – einige tendieren zum Skizzenhaften, andere zum Lehrhaften, in denen er vom alltäglichen Kampf der kleinen Leute um Verbesserung ihrer Lebensbedingungen, um Gerechtigkeit, um Menschenwürde erzählt, von den kleinen Schritten, die sie auf ihrem Weg weiterkommen durch eine wie selbstverständliche Solidarität, und von dem wunderbaren Lebenstemperament der Italiener.

Der Autor Maxim Gorki, 1868 in Nižnij Novgorod geboren, starb 1936 in Moskau. In jüngeren Jahren führte er ein unstetes Wanderleben mit wechselnden Berufen, das ihn Anfang der 90er Jahre des vorigen Jahrhunderts durch das Wolgagebiet, die Ukraine, die Krim und den Kaukasus führte. 1906 reiste Gorki nach Amerika und lebte danach jahrelang in Westeuropa, vor allem auf Capri.

Maxim Gorki gehört zu den bedeutendsten russischen Schriftstellern. Er war mit Lenin befreundet und schrieb zahlreiche Erzählungen, Dramen und Romane. Sein Hauptwerk ›Klim Samgin‹ gilt als Schlüsselroman für das Verständnis des modernen Rußland.

Maxim Gorki

Italienische Märchen

Fischer Taschenbuch Verlag

Ungekürzte Ausgabe
Veröffentlicht im Fischer Taschenbuch Verlag GmbH,
Frankfurt am Main, August 1988
Lizenzausgabe mit freundlicher Genehmigung
des Aufbau Verlags, Berlin und Weimar
Titel der russischen Originalausgabe:
Сказки об Италии
Deutsch von Alexander Stein und Erich Boehme
›Feiertag‹ und ›Nachts‹ übersetzte Georg Schwarz,
die Vorbemerkung Ingeborg Schröder

Umschlaggestaltung: Buchholz / Hinsch / Hensinger,
unter Verwendung eines Aquarells von
Nikolai Griziuk ›Eine Märchenstadt‹
Gesamtherstellung: Clausen & Bosse, Leck
Printed in Germany
ISBN 3-596-29181-X

Inhalt

Vorbemerkung

Der Name Gorki ist bekannt genug, und Neues gibt es über ihn nicht zu sagen. Die »Märchen« hat er in den Jahren 1906 bis 1913 geschrieben, als er in Italien lebte, dem schönsten Land des europäischen Kontinents.

Eigentlich sind das gar keine Märchen, es ist nicht das Spiel der Phantasie eines Menschen, den die rauhe Wirklichkeit oder die drückende Langeweile des Lebens zu sehr ermüdet und aufgerieben hat und der, um sich selbst und seine Mitmenschen mit Hilfe seiner Phantasie zu trösten, ein anderes Leben darstellt, das farbiger, festlicher, liebenswerter und freundlicher oder auch schrecklicher ist; diese Märchen sind auch keine »Erfindung« eines Schriftstellers, die eine Belehrung oder bittere Wahrheit enthält, wie die wunderbaren klugen Märchen des berühmten Voltaire, Laboulaye, Saltykow-Schtschedrin und anderer Schriftsteller. Die »Märchen« M. Gorkis sind Bilder aus dem wirklichen Leben, wie er es in Italien kennengelernt hat; er nannte sie nur deshalb Märchen, weil die Natur Italiens, die Sitten seiner Menschen und überhaupt ihr ganzes Leben wenig Ähnlichkeit mit dem russischen Leben haben und dem einfachen russischen Menschen tatsächlich wie Märchen vorkommen können.

Vielleicht hat der Autor die Italiener ein wenig ausgeschmückt, aber die Natur ihres Landes ist so, daß auch seine Menschen unwillkürlich besser erscheinen, als sie in Wirklichkeit sind. Überhaupt ist es keine so große Sünde, die Menschen ein wenig zu verschönen; man sagt ihnen allzu oft und allzu nachdrücklich, daß sie schlecht sind, und vergißt dabei fast ganz, daß sie auch besser sein können, wenn sie wollen.

Wenn man den Menschen immer nur die bittere Wahrheit über ihre Fehler und Mängel sagt, stellt man sie als so finstere Helden hin, daß sie einander fürchten wie wilde Tiere und schließlich völlig das Vertrauen, die Achtung und das Interesse für den Nächsten, also all jene Gefühle verlieren, die bei ihnen nur schwach entwickelt sind. Wahrheit ist notwendig. Ihr Feuer stählt die starke Seele und macht sie noch stärker, doch starke Seelen gibt es bei uns wenige; in der schwachen Seele aber hinterlassen die Brandwunden der Wahrheit nur krankhafte Blasen der Bosheit und des Hasses, und die Krätze gekränkter Eigenliebe breitet sich aus. Außer großen Mängeln besitzen die Menschen auch kleine Tugenden, und gerade diese Tugenden, die der Mensch nur sehr langsam und unter großen Leiden erwirbt, muß man manchmal ausschmücken und übertreiben, um ihre Bedeutung und die Schönheit des keimenden Guten hervorzuheben, das sich – so wollen wir glauben – mit der Zeit üppig und prachtvoll entfalten wird.

Wir pflegen liebevoll die Blumen und lieben leidenschaftlich viele andere schöne Dinge, die ebenso nutzlos sind wie Blumen, die Seele des Menschen aber, sein Herz vermögen wir nicht so liebevoll zu hegen, wie es nötig wäre.

Das sollten wir lernen, denn der Mensch ist bei all seiner Unansehnlichkeit dennoch das Höchste auf Erden.

Wenn die Menschen wissen, wie schlecht sie sind, ist das die beste Gewähr dafür, daß sie besser werden.

Tadeln muß man den Menschen, aber noch nötiger braucht er das Lob, das ihm wahrscheinlich auch nützlicher ist.

Die Vorbemerkung wurde von Maxim Gorki 1919 für die Ausgabe der »Italienischen Märchen« im Grshebin-Verlag verfaßt.

Es gibt keine schöneren Märchen
als die, welche das Leben selber schreibt.

HANS CHRISTIAN ANDERSEN

Streik in Neapel

In Neapel streiken die Angestellten der Straßenbahn; längs der ganzen Riviera di Chiaia zieht sich eine Kette leerer Straßenbahnwagen hin, während sich auf der Piazza della Vittoria eine Menge Wagenführer und Schaffner angesammelt haben, lauter fröhliche, lärmende Neapolitaner, beweglich wie Quecksilber. Über ihren Köpfen, hinter dem Gitter des Parks, glänzt schlank wie ein Degen der Strahl eines Springbrunnens. Feindselig umringt die Straßenbahner eine große Anzahl von Menschen, die nach allen Richtungen der riesigen Stadt fahren müssen, und alle diese Handlungsgehilfen, Gesellen, Krämer und Näherinnen äußern böse und laut ihre Mißbilligung über die Streikenden. Zornige Worte, boshafte Sticheleien ertönen, und unaufhörlich fuchteln Hände in der Luft herum, mit denen der Neapolitaner ebenso ausdrucksvoll und beredt zu sprechen versteht wie mit seiner nie stillstehenden Zunge.

Vom Meer her weht eine leichte Brise, leise wiegen sich die dunkelgrünen, fächerförmigen Blätter der mächtigen Palmen des Stadtparks, ihre Stämme haben eine merkwürdige Ähnlichkeit mit den klobigen Beinen riesiger Elefanten. Kleine Jungen – die halbnackten Kinder der neapolitanischen Straßen – hüpfen umher wie Sperlinge und erfüllen die Luft mit Lachen und lautem Geschrei.

Die Stadt, die wie ein alter Stich aussieht, ist ganz in heißes Sonnenlicht getaucht und dröhnt wie ein Orchestrion; die blauen Wellen des Golfs klatschen mit dumpfen Schlägen gegen das steinige Ufer und begleiten das Murren und Schreien der Leute gleich einem Tamburin.

Die Streikenden stehen dicht aneinandergedrängt mit finsteren Gesichtern, sie antworten kaum auf die gereizten

Rufe der Menge, klettern auf das Parkgitter und schauen unruhig über die Köpfe der Leute hinweg die Straße hinunter wie ein Rudel Wölfe, das von Hunden umringt ist. Allen ist klar, diese gleichgekleideten Leute sind durch einen unerschütterlichen Entschluß fest miteinander verbunden, sie werden nicht nachgeben, und das erbittert die Menschenmenge noch mehr, aber unter den Wartenden gibt es auch Philosophen, die ruhig ihre Zigarette rauchen und die allzu eifrigen Streikgegner zu beschwichtigen versuchen: »He, Signore! Was soll man tun, wenn es nicht zu Makkaroni für die Kinder reicht?«

In Gruppen, zu zweien und zu dreien, stehen die stutzerhaft gekleideten Beamten der Munizipalpolizei da, die darauf achten, daß die Menge nicht den Straßenverkehr behindert. Sie verhalten sich völlig neutral, schauen mit demselben Gleichmut auf die Schimpfenden wie auf die Beschimpften und scherzen gutmütig über diese wie jene, wenn die Gesten und das Geschrei allzu hitzig werden. Für den Fall ernster Zusammenstöße ist in einer schmalen Seitengasse längs der Häuserwände eine Abteilung Karabinieri aufgestellt, die kurze, leichte Gewehre in den Händen halten. Das ist eine recht unheilverkündende Menschengruppe, sie tragen Dreispitze, kurze Mäntel und haben schmale rote Streifen an den Hosen, die wie zwei Blutspuren aussehen.

Das Schimpfen und Lachen, die Vorwürfe und Ermahnungen verstummen plötzlich; eine neue gleichsam alle versöhnende Stimmung erfaßt die Menschen, die Streikenden blicken noch finsterer drein und rücken noch enger zusammen, in der Menge werden Rufe laut: »Soldaten!«

Ein spöttisches, triumphierendes Pfeifen ertönt, das sich an die Streikenden richtet; die Soldaten werden mit freudigen Rufen begrüßt; ein dicker Herr in einem grauen Sommeranzug und mit einem Panamahut beginnt zu tanzen und stampft mit den Füßen auf das Pflaster. Die Schaffner und Wagenführer schieben sich langsam durch die Menschenmenge und gehen zu den Straßenbahnwagen, einige klettern auf die Plattformen der Wagen. Sie schauen jetzt noch finsterer drein und beantworten, während sie sich den Durchgang erzwingen, die Rufe der Menge grob und bissig. Es wird still.

Vom Ufer Santa Lucia her nähern sich leichten, tänzerischen Schrittes, gleichmäßig mit den Füßen auftretend und mechanisch und einförmig den linken Arm schwenkend, kleine graue Soldaten. Es sieht aus, als wären sie aus Blech und zerbrechlich wie aufziehbares Spielzeug. An der Spitze marschiert ein hübscher, hochgewachsener Offizier mit gerunzelten Brauen und verächtlich gekräuselten Lippen, und neben ihm her läuft hüpfend ein dicker Mann im Zylinder, der unablässig auf ihn einredet und fortwährend mit den Händen herumfuchtelt.

Die Menge weicht von den Straßenbahnwagen zurück – die Soldaten verteilen sich gleich einer grauen Perlenkette die Wagenreihe entlang und stellen sich vor die Plattformen, auf denen die Streikenden stehen.

Der Mann im Zylinder und noch einige gewichtige Personen, die ihn umringt haben, schreien und gestikulieren wild mit den Armen: »Zum letztenmal... Ultima volta! Hört ihr?«

Der Offizier zwirbelt gelangweilt seinen Schnurrbart und hält den Kopf gesenkt. Der Mann, der ihn vorhin begleitete, läuft, seinen Zylinder schwenkend, zu ihm hin und ruft ihm mit heiserer Stimme etwas zu. Der Offizier sieht ihn von der Seite an, richtet sich hoch auf und streckt die Brust vor – es ertönen laute Kommandoworte. Sofort springen die Soldaten paarweise auf die Plattformen der Wagen, während die Wagenführer und Schaffner abspringen.

Der Menge erscheint das lächerlich. Es erhebt sich ein

Geheul, Gepfeife und Gelächter, das aber sofort wieder verstummt. Schweigend und schwerfällig weichen die Menschen mit langen, grau gewordenen Gesichtern und erstaunt aufgerissenen Augen von den Wagen zurück und wälzen sich mit ihrer ganzen Masse auf den ersten Wagen zu.

Hier liegt, zwei Schritt von den Rädern des Wagens entfernt, quer über den Schienen ein grauhaariger Wagenführer mit dem Gesicht eines Soldaten und mit entblößtem Haupt; er liegt auf dem Rücken, und die Schnurrbartenden sind drohend zum Himmel emporgerichtet. Gleich neben ihm wirft sich mit affenartiger Gewandtheit ein junges Bürschlein zu Boden, und nach ihm legen sich, langsam und ruhig, immer mehr Leute auf die Erde...

Dumpf grollt die Menschenmenge, Stimmen ertönen, die erschrocken die Madonna anrufen, einige fluchen mit finsterer Miene, Weiber kreischen und stöhnen, während die kleinen Jungen, von dem seltsamen Schauspiel erregt, wie Gummibälle herumspringen.

Der Mann im Zylinder brüllt etwas mit heulender Stimme, der Offizier blickt ihn an und zuckt mit den Achseln – er ist verpflichtet, die Wagenführer durch seine Soldaten zu ersetzen, aber er hat keinen Befehl erhalten, gegen die Streikenden vorzugehen.

Da stürzt der Mann im Zylinder, umringt von diensteifrigen Leuten, auf die Karabinieri zu. Diese marschieren los, kommen heran, beugen sich über die auf den Schienen Liegenden und wollen sie aufheben.

Und nun kommt es zu einem Handgemenge, zu Tumult – die staubige graue Masse der Zuschauer gerät plötzlich in Bewegung, brüllt auf, heult, strömt auf die Schienen; der Mann im Panamahut reißt seine Kopfbedeckung herunter, wirft sie in die Luft und legt sich als erster auf die Erde, klopft dem neben ihm liegenden Streikenden auf die Schulter und ruft ihm ermutigende Worte zu.

Nach ihm sinken unzählige fröhliche, lärmende Leute, die noch vor zwei Minuten gar nicht da waren, auf die Schienen, als hätte man ihnen die Füße abgeschlagen. Sie lassen sich fallen, schneiden lachend Grimassen und rufen dem Offizier etwas zu, der, belustigt den hübschen Kopf schüttelnd, etwas zu dem Mann im Zylinder sagt und ihm mit den Handschuhen unter der Nase herumfuchtelt.

Immer mehr Leute legen sich auf die Schienen, Weiber werfen ihre Körbe und Bündel zu Boden, kleine Burschen rollen sich lachend zusammen wie frierende Hunde, anständig gekleidete Leute wälzen sich von einer Seite auf die andere im Staube.

Fünf Soldaten blicken von der Plattform des ersten Wagens auf die Unmenge von Leibern vor den Rädern und – schütten sich aus vor Lachen; sie schwanken, klammern sich an die Haltestangen, werfen den Kopf zurück und krümmen sich. Jetzt sehen sie dem aufziehbaren Spielzeug aus Blech gar nicht mehr ähnlich.

Nach einer halben Stunde sausen die Straßenbahnwagen wieder mit Kreischen und Quietschen durch Neapel. Auf den Plattformen stehen, fröhlich schmunzelnd, die Sieger, sie gehen durch die Wagen und fragen höflich: »Fahrscheine?«

Die Leute, die ihnen die roten und gelben Papierchen entgegenhalten, zwinkern ihnen zu, lächeln und brummen gutmütig vor sich hin.

Die Kinder aus Parma

In Genua, auf dem kleinen Platz vor dem Bahnhof, hat sich eine große Anzahl Menschen versammelt – vorwiegend Arbeiter, aber auch viele solide gekleidete, wohlgenährte Leute. Ganz vorn in der Menge stehen die Mitglieder der städtischen Verwaltung; über ihren Köpfen flattert die schwere, kunstvoll mit Seide bestickte Fahne der Stadt, und daneben wehen die bunten, farbenfrohen Fahnen der Arbeiterorganisationen. Es glänzt das Gold der Quasten, Fransen und Schnüre, es glänzen die Spitzen der Fahnenstangen, es knistert die Seide, und dumpf wie ein halblaut singender Chor ertönt das Gesumm der festlich gestimmten Menschen. Über ihnen, auf hohem Sockel, ragt die Gestalt des Kolumbus empor, dieses Träumers, der soviel leiden mußte, weil er glaubte, und der den Sieg davontrug, weil er glaubte. Auch heute noch schaut er auf die Menschen herab, als wollten seine Marmorlippen sagen: »Nur die siegen, die da glauben!«

Rings um den Sockel, zu seinen Füßen, haben die Musikanten ihre Messingtrompeten abgestellt, und das Messing glänzt in der Sonne wie Gold.

In einem weiten Halbkreis steht das wuchtige Marmorgebäude des Bahnhofs da, seine Flügel sind ausgebreitet, als wollte es die Menschen umarmen. Vom Hafen dringen das schwere Keuchen der Dampfer, das Rumoren einer Schiffsschraube, Kettengeklirr, Pfeifen und Geschrei herüber; auf dem von sengenden Sonnenstrahlen überfluteten Platz ist es ruhig und drückend schwül. Auf den Balkons und an den Fenstern der Häuser stehen Frauen mit Blumen in den Händen und festtäglich gekleidete Kinder, die selbst wie Blumen aussehen.

Da pfeift eine Lokomotive, die in den Bahnhof einfährt – die Menge gerät in Bewegung. Schwarzen Vögeln gleich fliegen einige zerbeulte Hüte über den Köpfen hoch, die Musikanten greifen nach ihren Trompeten, ein paar ernste ältere Männer rücken ihre Kleidung zurecht, treten vor, wenden sich der Menge zu und sagen etwas, indem sie die Arme bald nach links, bald nach rechts schwenken.

Schwerfällig und langsam weicht die Menge auseinander und läßt einen breiten Durchgang zur Straße frei.

»Wen erwartet man hier?«

»Die Kinder aus Parma.«

Dort in Parma wird gestreikt. Die Unternehmer geben nicht nach, den Arbeitern geht es schlecht, darum schikken sie ihre Kinder, die schon vor Hunger zu kränkeln beginnen, zu ihren Genossen nach Genua.

Hinter den Säulengängen des Bahnhofs kommt eine wohlgeordnete Prozession von kleinen Menschen hervor; sie sind nur dürftig gekleidet und sehen in ihren Lumpen wie seltsame, zottige Tierchen aus. Sehr klein, staubig und offensichtlich erschöpft, marschieren sie in Fünferreihen, sich fest an den Händen haltend. Ihre Gesichter sind ernst, aber die Augen glänzen lebhaft und klar, und als die Musik ihnen zu Ehren den Garibaldimarsch anstimmt, huscht ein fröhliches, zufriedenes Lächeln über diese mageren, spitzen, verhungerten Gesichter.

Die Menge begrüßt die Menschen der Zukunft mit ohrenbetäubendem Geschrei; die Banner neigen sich vor ihnen, das Messing der Trompeten schmettert, es blendet die Kinder und gellt in ihre Ohren. Sie sind von diesem Empfang ein wenig verwirrt, weichen einen Augenblick zurück, aber auf einmal haben sie die Reihen geschlossen, sich zu einer Masse zusammengeballt, und Hunderte von Stimmen, die aus einer Kehle zu kommen scheinen, brechen in den Ruf aus: »Viva Italia!«

»Es lebe das junge Parma!« schreit die Menge, die auf sie zustürzt.

»Evviva Garibaldi!« rufen die Kinder, sie dringen wie ein grauer Keil in die Menge ein und verschwinden darin.

In den Fenstern der Hotels, auf den Dächern der Häuser flattern Tücher, weißen Vögeln gleich, ein Blumenregen ergießt sich von dort auf die Köpfe der Menge, und fröhliche, laute Rufe ertönen.

Alles wirkt festtäglich, alles lebt auf, selbst der graue Marmor blüht in hellen Farben.

Fahnen wehen, Hüte und Blumen fliegen durch die Luft, über den Köpfen der Erwachsenen tauchen kleine Kinderköpfe auf, winzige braune Pfötchen haschen die Blumen und winken, und laut erschallt ununterbrochen der machtvolle Ruf: »Viva il socialismo!«

»Evviva Italia!«

Fast alle Kinder werden bei den Händen genommen, sie sitzen auf den Schultern der Erwachsenen, werden von rauhen, schnauzbärtigen Männern an die Brust gedrückt. Die Musik ist bei dem Lärm, dem Lachen und Schreien kaum noch zu hören.

Man sieht Frauen durch die Menge schwirren, sie nehmen die übriggebliebenen Kinder an sich und rufen einander zu: »Sie nehmen zwei, Anita?«

»Ja. Sie auch?«

»Und eins für die lahme Margherita...«

Überall begegnet man fröhlich erregten, festtäglich leuchtenden Gesichtern, feuchten, freundlichen Augen, hier und da kauen die Kinder der Streikenden bereits an einem Stück Brot.

»Zu unserer Zeit hat man an so etwas nicht gedacht!« sagt ein Greis mit einer Vogelnase und einer schwarzen Zigarre zwischen den Zähnen.

»Und es ist doch so einfach...«

»Ja! So einfach und vernünftig!«

Der Alte nimmt die Zigarre aus dem Mund, betrachtet sie und streift seufzend die Asche ab. Gleich darauf sieht er zwei Kinder aus Parma, offenbar Brüder, neben sich stehen, er macht ein grimmiges Gesicht, schaut drohend drein, stülpt den Hut über die Augen und breitet die Arme weit aus. Die Kinder, die ihn zunächst ernst anblicken, schmiegen sich eng aneinander und weichen mit ängstlichem Gesicht zurück. Der Alte hockt sich plötzlich hin und fängt laut und ganz naturgetreu zu krähen an. Die Kinder lachen fröhlich und hüpfen mit den nackten Füßchen auf dem Pflaster herum. Der Alte steht auf, rückt den Hut zurecht und entfernt sich unsicheren Schrittes, offenbar in der Meinung, seine Schuldigkeit getan zu haben.

Ein buckliges, grauhaariges Weib, mit dem Gesicht einer Hexe und borstigen grauen Haaren auf dem knochigen Kinn, steht am Sockel des Kolumbusdenkmals, weint und trocknet sich immer wieder die rotgeränderten Augen mit dem Ende eines verblichenen Schals. Sie ist häßlich, wirkt düster und erscheint so merkwürdig vereinsamt inmitten dieser freudig erregten Menschenmenge...

Mit wiegenden Schritten geht eine schwarzhaarige Genueserin vorüber, sie führt an der Hand einen etwa siebenjährigen Jungen, in Holzpantoffeln und mit einem bis auf die Schultern reichenden grauen Hut. Er schüttelt den Kopf, um den Hut in den Nacken zu werfen; dieser rutscht ihm aber immer wieder ins Gesicht. Die Frau reißt dem Kleinen den Hut herunter, singt etwas und lacht, während sie den Hut in der Luft schwenkt. Der Junge hat den Kopf zurückgeworfen, er sieht sie an, übers ganze Gesicht lachend, springt dann in die Höhe, um seinen Hut zu erhaschen, und beide verschwinden in der Menge.

Ein hochgewachsener Mann mit nackten, starken Armen und einem Lederschurz trägt auf seiner Schulter ein sechsjähriges Mädelchen, das ganz grau aussieht – wie eine Maus –, und spricht zu der neben ihm gehenden Frau, die einen Jungen mit feuerrotem Haar an der Hand führt: »Du verstehst, wenn wir es immer so machen... Da wird es schwer sein, uns unterzukriegen, was?«

Und er lacht laut, kraftvoll, triumphierend und ruft, seine kleine Last in die blaue Luft emporwerfend: »Evviva Parmaa!«

Die Leute verschwinden, sie führen oder tragen die Kinder mit sich fort, und auf dem Platz bleiben nur ein paar zerdrückte Blumen, Konfektpapier, eine fröhliche Gruppe von Dienstleuten und über ihnen die edle Gestalt des Mannes, der die Neue Welt entdeckte.

Aber aus den Straßen erschallen wie aus ungeheuren Röhren fröhliche Rufe von Menschen, die dem neuen Leben entgegenschreiten.

Sonne des Südens

Ein drückendheißer Mittag, irgendwo kracht dumpf ein Kanonenschuß – ein weicher, eigentümlicher Ton, als wäre ein riesiges faules Ei geplatzt. In der von dem Schuß erschütterten Luft werden die Gerüche der Stadt noch durchdringender, es riecht noch stärker nach Olivenöl, Knoblauch, Wein und heißem Staub.

Der hitzige Lärm dieses südlichen Tages schmiegt sich, übertönt vom schweren Stöhnen der Kanone, für einen Augenblick an das glühende Straßenpflaster, dann aber schwingt er sich wieder aus den Straßen empor und strömt gleich einem breiten, trüben Fluß aufs Meer hinaus.

Die Stadt ist feiertäglich hell und bunt wie das reichbestickte Meßgewand eines Priesters; in ihrem leidenschaftlichen Geschrei, in ihrem Stöhnen und Beben erklingt gleich einem religiösen Gesang das Lied des Lebens. Jede Stadt ist ein Tempel, erbaut von Menschenhand, jegliche Arbeit – ein Gebet an die Zukunft.

Die Sonne steht im Zenit. Der glühende blaue Himmel blendet das Auge, als fiele von jedem Punkt dort oben auf Meer und Erde ein feuriger blauer Strahl, der tief ins Mauerwerk der Stadt und ins Wasser eindringt. Das Meer glänzt wie mit Silberfäden engbestickte Seide und singt leise, während seine warmen grünlichen Wellen schläfrig das Ufer berühren, das weise Lied vom Quell alles Glükkes und Lebens – der Sonne.

Staubige und schwitzende Menschen eilen, einander laut und fröhlich zurufend, zum Mittagessen, viele laufen zum Ufer, werfen schnell die grauen Kleider ab und springen ins Meer. In dem Augenblick, da die gebräunten Körper im Wasser untertauchen, werden sie zu lächerlich kleinen Pünktchen, gleich dunklen Staubteilchen in einem großen Weinkelch.

Das sanfte Plätschern des Wassers, das frohe Geschrei der erfrischten Menschen, das laute Lachen und Kreischen der Kinder, alles das – auch die regenbogenfarbenen Wasserspritzer des von den Menschen aufgewirbelten Meeres – steigt als eine fröhliche Opfergabe zur Sonne empor.

Auf dem Gehsteig, im Schatten eines großen Hauses, sitzen vier Steinsetzer, grau, hager, kräftig, wie aus Fels gehauen, sie wollen gerade ihr Mittagsmahl einnehmen. Ein grauhaariger alter Mann, der so mit Staub bedeckt ist, als hätte man ihn mit Asche überschüttet, kneift sein scharfes Raubtierauge zusammen und schneidet mit dem Messer ein langes Brot, eifrig darauf bedacht, daß kein Stück kleiner werde als das andere. Er trägt auf dem Kopf eine rote, gestrickte Mütze mit einer Troddel, die ihm immer wieder ins Gesicht fällt. Der Alte schüttelt sein großes Apostelhaupt, und seine lange Papageiennase zieht mit geblähten Nüstern laut schniefend die Luft ein.

Neben ihm, auf den heißen Steinen, liegt rücklings ein kräftiger junger Kerl mit entblößter Brust, dunkelbraun glänzend wie ein Maikäfer. Die Brotkrumen fallen ihm ins Gesicht; er kneift träge die Augen zusammen und singt halblaut wie im Traum etwas vor sich hin. Die beiden anderen sitzen mit dem Rücken an die weiße Hauswand gelehnt und schlummern.

Ein Junge mit einem Fiasco Wein in der einen und einem kleinen Bündel in der andern Hand nähert sich ihnen; er hat den Kopf zurückgeworfen und stößt wie ein Vogel hellklingende Schreie aus, er bemerkt gar nicht, daß durch das Strohgeflecht der Flasche rotfunkelnde, schwere Weintropfen wie Rubine auf die Erde fallen.

Der Alte sieht's, legt sofort Brot und Messer auf die Brust des jungen Mannes, winkt besorgt und ruft dem Jungen zu: »Schnell, bist du blind! Sieh doch – der Wein!«

Der Junge hebt den Fiasco bis vors Gesicht, schreit auf und läuft schnell zu den Steinsetzern. Alle geraten in Bewegung, schreien aufgeregt und betasten den Fiasco, während der Junge wie ein Pfeil in einen Hof saust und ebenso schnell mit einer großen gelben Schale in der Hand wieder herauskommt.

Die Schale wird auf die Erde gestellt, und der Alte läßt den roten, lebendigen Strahl vorsichtig hineinfließen. Vier Augenpaare ergötzen sich an dem Funkeln des Weines in der Sonne, und die trockenen Lippen der Leute zucken gierig.

Eine Frau geht vorüber, in einem blaßblauen Kleid, auf ihrem tiefschwarzen Haar glänzt wie Gold ein Spitzenschal, die hohen Absätze der braunen Stiefelchen klappern gleichmäßig auf dem Pflaster. Sie hält ein kleines lockenköpfiges Mädchen an der Hand. Die Kleine, die zwei rote Nelken in der rechten Hand schwenkt, hopst neben ihr her und singt:

»O ma, o ma, o mia maaa...«

Sie bleibt hinter dem alten Steinsetzer stehen, hört auf zu singen, reckt sich und sieht über die Schulter des Alten aufmerksam zu, wie der Wein in die gelbe Schale fließt und dabei plätschert, als sänge er ihr Lied weiter.

Das Mädchen befreit sich aus der Hand der Mutter, reißt die Blütenblätter ab und wirft sie in die Schale mit Wein, das braune Ärmchen wie einen Sperlingsflügel emporreckend.

Die vier Männer zucken zusammen und heben böse die staubigen Köpfe, die Kleine klatscht in die Hände und lacht, während sie mit den Füßchen aufstampft. Die Mutter hascht verwirrt nach ihrer Hand und sagt etwas mit hoher Stimme; der Junge wirft den Kopf zurück und lacht aus vollem Halse, während die Blütenblätter wie kleine rosafarbene Kähne auf dem dunklen Wein schwimmen.

Der Alte zieht von irgendwoher ein Glas hervor,

schöpft den Wein und die Blütenblätter, erhebt sich schwerfällig auf die Knie und sagt, das Glas zum Munde führend, beruhigend und ernst: »Macht nichts, Signora! Das Geschenk eines Kindes ist ein Geschenk des Himmels... Auf Ihre Gesundheit, schöne Signora, und auch auf deine, mein Kind! Werde schön wie deine Mutter und doppelt so glücklich wie sie...«

Er senkt seinen grauen Schnurrbart in das Glas, kneift die Augen zusammen und schlürft langsam, schmatzend und die krumme Nase hin und her bewegend, die dunkle Flüssigkeit.

Die Mutter lächelt, grüßt und entfernt sich, das Mädchen an der Hand; die Kleine springt neben ihr her, scharrt mit den Füßchen an den Steinen, kneift die Augen zusammen und ruft: »O maaa... o mia maaa...«

Die Steinsetzer wenden müde den Kopf, sie blicken den Wein an und schauen dem Mädchen nach, sie lächeln und unterhalten sich in der lebhaften Art der Südländer.

In der Schale aber schaukeln die roten Blütenblätter auf dem dunkelroten Wein.

Und das Meer singt, die Stadt dröhnt, und die glühende Sonne zaubert Märchenbilder hervor.

Es ist vollbracht

Ein blauer, ruhiger See, eingerahmt von hohen Bergen, die ewiger Schnee bedeckt. Ein dunkler Spitzensaum von Gärten fällt, reich gefaltet, bis ans Wasser hinab. Weiße Häuschen, wie aus Zuckerguß gemacht, blicken vom Ufer auf das Wasser. Alles ringsum gleicht dem friedlichen Traum eines Kindes.

Es ist Morgen. Von den Berghängen steigt sanfter Blumenduft empor, eben ist die Sonne aufgegangen. Auf den Blättern der Bäume, auf den Halmen der Gräser glänzen noch Tautropfen. Das graue Band der Landstraße zieht sich durch einen stillen Engpaß. Die Landstraße ist mit Steinen gepflastert, und doch erscheint sie weich wie Samt, über den man mit der Hand streichen möchte.

Neben einem Kieshaufen hockt ein Arbeiter, dunkel wie ein Käfer. Seine Brust schmückt eine Medaille, sein Gesicht ist kühn und freundlich. Die bronzefarbenen Hände ruhen auf den Knien, und mit erhobenem Kopf blickt er den unter einem Kastanienbaum stehenden Wanderer an.

»Diese Medaille, Signore, habe ich für die Arbeit am Simplontunnel erhalten.«

Er senkt den Blick und schaut mit einem liebevollen Lächeln auf das hübsche Metallstück an seiner Brust.

»Ah, jede Arbeit ist schwer, bis man sie liebgewinnt, dann aber regt sie an und wird dadurch leichter. Immerhin – ja, es war schwer!«

Er nickt leicht und lächelt zur Sonne empor, doch plötzlich wird er lebhafter, fährt mit der Hand durch die Luft, und seine schwarzen Augen glänzen.

»Es war sogar fürchterlich, zuweilen. Auch die Erde

muß ja etwas fühlen – nicht wahr? Als wir tief in den Berg eindrangen, ihm diese Wunde beibrachten, da bereitete uns die Erde da drinnen einen bösen Empfang. Sie hauchte uns mit ihrem heißen Atem an, so daß uns das Herz stockte, der Kopf schwer wurde und die Glieder schmerzten. Viele haben es zu spüren bekommen! Dann schleuderte sie Steine auf die Menschen herab und goß heißes Wasser über uns. Ja... es war furchtbar! Zuweilen, wenn das Feuer brannte, da erschien das Wasser ganz rot, und mein Vater sagte zu mir: ›Wir haben die Erde verwundet. Sie wird uns alle ertränken, wird uns mit ihrem Blut verbrennen, warte nur!‹ Das war natürlich Phantasie, aber wenn man solche Worte tief unten in der Erde hört, in dieser dumpfen Finsternis, wenn dort klagend das Wasser aufklatscht und das Eisen am Stein aufkreischt, denkt man nicht an Phantasie. Dort war alles phantastisch, Signore: wir Menschen, wir waren so klein, und dieser Berg, der bis in den Himmel hineinragte und dessen Inneres wir aufwühlten... Man muß das gesehen haben, um es zu begreifen! Man muß den schwarzen Schlund gesehen haben, den wir Menschlein in den Berg gruben, in dem wir verschwanden, wenn am Morgen die Sonne aufging, und traurig blickte die Sonne den Menschen nach, die in die Tiefen der Erde hinabstiegen. Man muß unsere Maschinen und das finstere Gesicht des Bergriesen selbst gesehen und das dumpfe Rollen in seinem Innern gehört haben, dieses Echo der Sprengungen, das wie das Lachen eines Wahnsinnigen gellte!«

Er blickt auf seine Hände, rückt die Medaille auf der blauen Arbeitsbluse zurecht und seufzt leise.

»Der Mensch weiß zu arbeiten«, fährt er voller Stolz fort. »Ja, Signore, der kleine Mensch ist eine unbesiegbare Macht, wenn er sich vornimmt zu arbeiten. Und glauben Sie mir: dieser kleine Wicht von Mensch wird schließlich alles vollbringen, was er will. Mein Vater wollte es zuerst nicht glauben. ›Einen Berg durchbohren – von einem Land ins andere‹, sagte er, ›das widerspricht dem Willen Gottes, der die Länder durch Bergmauern getrennt hat. Ihr werdet schon sehen, die Madonna wird uns nicht beistehen.‹ Er irrte sich; die Madonna steht allen bei, die sie lieben. Später dachte der Vater fast ebenso wie ich, denn er fühlte sich schließlich höher, stärker als der Berg; es gab aber eine Zeit, da er mich und die anderen, wenn er feiertags am Tisch bei einer Flasche Wein saß, zu überzeugen versuchte.

›Kinder Gottes‹ – das war sein Lieblingswort, denn er war ein guter und religiöser Mensch –, ›Kinder Gottes, so darf man nicht gegen die Erde ankämpfen, sie wird sich für ihre Wunden rächen und Siegerin bleiben! Ihr werdet schon sehen: Wenn wir den Berg bis an sein Herz durchbohrt haben und es berühren, wird es uns verbrennen, wird es uns mit Feuer überschütten, denn das Herz der Erde ist aus Feuer – das wissen alle! Die Erde urbar machen – das ist erlaubt; ihr bei den Geburtswehen beizustehen – das ward uns geboten, wir aber entstellen ihr Gesicht und ihre Form. Seht mal: je weiter wir in den Berg eindringen, desto heißer wird die Luft, desto schwerer können wir atmen …‹«

Der Arbeiter lacht leise, während er mit beiden Händen seinen Schnurrbart zwirbelt.

»Und nicht nur er allein dachte das; es war wirklich so: je weiter wir vordrangen, desto heißer wurde es im Tunnel, desto mehr Leute erkrankten und fielen um. Immer heftiger flossen die heißen Quellen, Gestein stürzte herab, und zwei unserer Leute, zwei Männer aus Lugano, wurden wahnsinnig. Nachts in der Baracke wälzten sich viele von uns in Fieberträumen, stöhnten und sprangen, von Angst gepeinigt, aus den Betten.

›Hab ich nicht recht?‹ fragte der Vater, der immer häufiger und immer hohler hustete, mit angstvollem Blick.

›Hab ich nicht recht?‹ fragte er. ›Sie ist unbesiegbar, die Erde.‹ Und schließlich legte er sich nieder, um nicht wieder aufzustehen. Er war kräftig, mein Alter; mehr als drei Wochen kämpfte er mit dem Tod, hartnäckig, ohne zu klagen, wie ein Mann, der seinen Wert kennt. ›Meine Arbeit ist beendet, Paolo‹, sagte er eines Nachts zu mir. ›Nimm dich in acht und kehre nach Hause zurück. Die Madonna sei mit dir!‹

Darauf schwieg er lange, die Augen geschlossen und röchelnd.«

Der Erzähler erhebt sich, wirft einen Blick auf die Berge und reckt sich mit solcher Kraft, daß seine Gelenke knakken.

»Dann«, fährt er fort, »dann ergriff er meine Hand, zog mich zu sich heran und sagte – das ist die reine Wahrheit, Signore: ›Weißt du, Paolo, mein Sohn, ich glaube doch, es wird gelingen: wir und die anderen, die von der entgegengesetzten Seite kommen, werden in dem Berg zueinanderfinden, werden uns begegnen – glaubst du daran?‹ Ich sagte, daß ich daran glaubte. ›Gut mein Sohn! So soll es auch sein: alles, was man tut, muß man tun im Glauben an den guten Ausgang und an Gott, der durch die Fürbitte der Madonna zum guten Werk verhilft...Ich bitte dich, mein Sohn, wenn dieser Augenblick da ist, wenn die Menschen sich dort unten begegnen – so komm an mein Grab und sprich: Vater – es ist vollbracht! Damit ich es erfahre!‹

Das war gut, Signore, und ich versprach es ihm. Fünf Tage darauf starb er; zwei Tage vor dem Tod aber bat er mich und die anderen, wir möchten ihn im Tunnel begraben, an der Stelle, wo er gearbeitet hatte. Er bat sehr darum, aber ich glaube, er sprach schon im Fieber...

Wir und diejenigen, die von der anderen Seite kamen, trafen uns dreizehn Wochen nach dem Tod des Vaters im Berg. Es war ein toller Tag, Signore! Oh, als wir dort, unter der Erde, in der Finsternis, das Klopfen der anderen

Arbeiter hörten, das Klopfen der Männer, die uns tief unter der Erde entgegenkamen – Sie verstehen, Signore –, unter der gewaltigen Last der Erde, die uns winzige Menschlein allesamt unter sich begraben konnte!

Viele Tage hindurch hörten wir diese dumpfen Laute, mit jedem Tag wurden sie deutlicher, klarer, und uns ergriff ein freudiger Siegestaumel – wir arbeiteten wie die Teufel, als hätten wir keinen Körper, wir spürten keine Müdigkeit, wir warteten nicht erst auf Anweisungen. Es war herrlich wie ein Tanz an einem sonnigen Tag, Ehrenwort! Wir wurden alle so sanft und gut wie die Kinder. Ach, wenn Sie wüßten, wie stark, wie unerträglich, wie leidenschaftlich der Wunsch ist, dort in der Finsternis, unter der Erde, in die man sich lange Monate hindurch wie ein Maulwurf hineingewühlt hat, einem Menschen zu begegnen!«

Er ist voller Begeisterung, tritt ganz nahe an den Zuhörer heran, blickt ihn mit seinen tiefen, gütigen Augen eindringlich an und fährt leise und fröhlich fort: »Als endlich die letzte Gesteinsschicht durchbrochen war und in der Öffnung der rote Schein einer Fackel aufflammte und ein schwarzes, von Freudentränen durchfurchtes Gesicht erschien und dann noch andere Gesichter und Fackeln folgten und ein Siegesgeschrei und laute Freudenrufe ertönten – oh, das war der schönste Tag meines Lebens, und wenn ich mich daran erinnere, fühle ich: nein, ich habe nicht umsonst gelebt! Es war ein Stück Arbeit, meine Arbeit, eine heilige Arbeit, das sage ich Ihnen, Signore! Und als wir dann aus dem Tunnel ins Freie, in die Sonne traten, da legten sich viele von uns auf die Erde, küßten sie und weinten – und das war so schön wie im Märchen! Ja, sie küßten den besiegten Berg, die Erde küßten sie – und diese Erde, Signore, war mir an jenem Tag besonders nah, und ich begriff, was sie uns bedeutet, und gewann sie lieb wie eine Frau.

Natürlich ging ich zum Vater, o ja! Natürlich – obwohl ich weiß, die Toten können nichts hören, aber ich ging hin, denn man soll die Wünsche der Menschen achten, die für uns gearbeitet und die nicht weniger gelitten haben als wir. Nicht wahr?

Jaja, ich ging an sein Grab, klopfte mit dem Fuß auf die Erde und sagte, wie er es gewünscht hatte:

›Es ist vollbracht, Vater!‹ Die Menschen haben gesiegt. Es ist vollbracht, Vater!«

Musik der Großstadt

Der junge Musiker blickte mit seinen schwarzen Augen unverwandt in die Ferne und sagte leise: »Die Musik, die ich schreiben möchte, soll folgendes ausdrücken:

Auf der Straße zu der großen Stadt geht gemächlich ein kleiner Junge.

Die Stadt mit ihren schweren Häusermassen liegt hingestreckt da, sie schmiegt sich an die Erde, stöhnt und murrt dumpf. Aus der Ferne scheint es, als wäre sie eben von einer Feuersbrunst zerstört worden, denn die purpurne Flamme der Abendröte über ihr ist noch nicht erloschen, und die Kreuze auf den Kirchen, die Turmspitzen und die Wetterfahnen leuchten wie rotglühendes Metall.

Die Ränder der dunklen Wolken stehen gleichfalls in Flammen; drohend heben sich von den roten Flecken die eckigen Silhouetten der riesenhaften Gebäude ab; hie und da blitzen die Fensterscheiben gleich blutigen Wunden auf; die erschöpfte, sterbende Stadt, diese Stätte der unermüdlichen Jagd nach dem Glück, verblutet langsam, und erstickender gelblicher Rauch steigt heiß zum Himmel empor.

Der Junge geht in der Dämmerung der Felder auf der breiten grauen Landstraße; gerade wie ein Degen bohrt sie sich in den Leib der Stadt, von mächtiger unsichtbarer Hand gelenkt. Die Bäume zu beiden Seiten gleichen schwarzen Pechfackeln, ihre großen dunklen Wipfel ragen unbeweglich über die schweigsame erwartungsvolle Erde empor.

Der Himmel ist mit Wolken bedeckt, kein Stern und auch kein Schatten ist zu sehen; der sinkende Abend ist still und traurig, und nur die leichten, langsamen Schritte des Jungen klingen kaum hörbar durch das finstere, müde Schweigen der einschlummernden Felder.

Und hinter dem Jungen schreitet lautlos die Nacht und breitet den schwarzen Mantel des Vergessens über die Ferne, aus der er kommt.

Die Dämmerung verdichtet sich immer mehr und preßt die einsamen, verstreut auf den Hügeln daliegenden weißen und roten Häuschen, die sich demütig an die Erde schmiegen, an ihre warme Brust. Die Gärten, die Bäume, die Schornsteine, alles ringsum verschwindet in der Dunkelheit, erdrückt von der Finsternis der Nacht – gleichsam erschreckt durch die kleine Gestalt mit dem Stock in der Hand, als wollten sie sich vor ihr verstecken oder mit ihr spielen.

Der einsame kleine Junge aber schreitet schweigend weiter und blickt ruhig auf die Stadt, ohne seine Schritte zu beschleunigen, als hätte er den Leuten da drinnen in der Stadt, wo zu seinem Empfang bereits blaue, gelbe und rote Lichter unruhig vor ihm aufstrahlen, etwas Unaufschiebbares und längst von allen Erwartetes zu bringen.

Die Abendröte ist erloschen. Die Kreuze, die Wetterfahnen, die eisernen Turmspitzen sind zerschmolzen und entschwunden. Die Stadt ist zusammengeschrumpft, kleiner geworden und hat sich noch enger an die stumme Erde geschmiegt.

Über ihr flammt eine opalfarbene Wolke auf, sie wird ständig größer, und ein phosphoreszierender, gelblicher Nebel legt sich in ungleichmäßigen Schwaden über das graue Netz der eng aneinandergedrückten Gebäude. Jetzt erscheint die Stadt nicht mehr wie von einer Feuersbrunst zerstört und wie mit Blut übergossen. Die ungleichen Linien der Dächer und Mauern haben etwas Zauberisches, aber Unvollendetes, Unfertiges, als wäre der Baumeister, der diese große Stadt für die Menschen zu bauen begonnen hat, müde geworden und eingeschlafen, als hätte er enttäuscht alles liegenlassen, diese Stätte aufgegeben oder den Glauben verloren und wäre gestorben.

Und doch lebt die Stadt, sie ist von dem quälenden Wunsch beseelt, stolz und schön zur Sonne emporgehoben zu werden. Sie stöhnt im Traum ihrer vielgestaltigen Wünsche nach Glück, sie ist aufgewühlt von einem leidenschaftlichen Lebenswillen, und in das dunkle Schweigen der sie umgebenden Felder fließen die stillen Bäche gedämpfter Laute, während die schwarze Himmelsschale sich immer mehr mit trübem, traurigem Licht füllt.

Der Junge bleibt stehen, wirft den Kopf zurück und schaut, die Brauen hochgezogen, mit ruhigem, kühnem Blick vorwärts, und nachdem er sich einen Ruck gegeben hat, schreitet er schneller voran.

Und die Nacht, die ihm auf den Fersen folgt, spricht mit der ruhigen, sanften Stimme einer Mutter zu ihm: ›Es wird Zeit, mein Junge, geh! Sie warten auf dich…‹

…Aber das kann natürlich nicht in Musik gesetzt werden!« sagte der junge Musiker und lächelte nachdenklich.

Dann schwieg er, legte die Hände aneinander und rief, nicht laut, aber unruhig und liebevoll:

»Heilige Jungfrau Maria! Was erwartet ihn dort?«

Die Signora

Am blauen Mittagshimmel schmilzt die Sonne und überschüttet Wasser und Land mit ihren heißen, vielfarbigen Strahlen. Das Meer schlummert, sein Atem steigt in opalfarbenem Nebel empor, das bläuliche Wasser glänzt wie Stahl, der kräftige Geruch des Meersalzes strömt ans Ufer.

Die Wellen plätschern und schlagen träge gegen die emporgetürmten grauen Steine, rollen über sie hinweg, spielen raschelnd mit dem Geröll; die Wellenkämme sind nicht hoch, durchsichtig wie Glas und tragen keine Schaumkronen.

Der Berg ist eingehüllt in den violetten Dunst der Mittagshitze; die grauen Olivenblätter glänzen in der Sonne wie altes Silber; auf den Terrassen der Gärten, die sich den Abhang entlangziehen, funkelt aus dunklem samtigem Grün das Gold der Zitronen und Apfelsinen, lächeln freundlich dunkelrote Granatblüten, und überall prangen Blumen.

Die Sonne liebt dieses Land...

Am steinigen Ufer sind zwei Fischer. Der eine ist ein alter Mann, in einem Strohhut, er hat ein dickes Gesicht und einen borstigen grauen Bart auf Wangen, Kinn und über den Lippen; seine Augen verschwinden hinter Fettpolstern, die Nase ist rot, die Hände sind von der Sonne dunkelbraun gebrannt. Er sitzt auf einem Felsbrocken, hält den biegsamen Angelstock weit ins Meer hinaus und läßt die dichtbehaarten Beine ins grüne Wasser hinabhängen; eine heranrollende Welle berührt sie, und schwere, funkelnde Tropfen fallen von den braunen Zehen ins Meer.

Hinter dem Alten, den Ellenbogen auf einen Felsbrokken gestützt, steht ein dunkeläugiger, schlanker, braungebrannter Jüngling, mit einer roten Kappe auf dem Kopf, einer weißen Jacke über der gewölbten Brust und in blauen Hosen, die bis zu den Knien hochgestreift sind. Er zupft mit der rechten Hand an seinem Schnurrbart und blickt nachdenklich in die Ferne, wo die schmalen, schwarzen Striche der Schifferkähne schaukeln und weit hinter ihnen, kaum sichtbar, ein unbewegliches weißes Segel schimmert, das in der Mittagshitze wie ein Wölkchen zerfließt.

»Eine reiche Signora?« fragt der Alte mit heiserer Stimme, während er die Angel erfolglos anzieht.

»Ich glaube wohl«, entgegnet der Jüngling leise. »Eine Brosche, so eine mit einem großen blauen Stein, ein Ohrgehänge, eine Masse Ringe und eine Uhr... Ich glaube – eine Amerikanerin...«

»Schön?«

»O ja! Ein bißchen zu mager – das stimmt, aber Augen wie Blüten und, weißt du, ein kleiner, leicht geöffneter Mund...«

»Das ist der Mund einer anständigen Frau, so eine liebt nur einmal im Leben.«

»Scheint mir auch so...«

Der Alte zieht mit einem Schwung die Angel aus dem Wasser, betrachtet den leeren Angelhaken mit zusammengekniffenen Augen und brummt leise lachend vor sich hin: »Die Fische sind nicht dümmer als wir, o nein...«

»Wer angelt auch um die Mittagszeit!« sagt der Jüngling und kauert sich nieder.

»Ich«, entgegnet der Alte und befestigt einen Köder am Haken. Er wirft die Angelschnur weit ins Meer hinaus und fragt: »Ihr seid bis zum Morgen Kahn gefahren, sagst du?«

»Die Sonne ging schon auf, als wir am Ufer anlegten«,

antwortet der Junge bereitwillig und mit einem tiefen Seufzer.

»Zwanzig Lire?«

»Jawohl.«

»Sie hätte auch mehr geben können...«

»Ja, sie hätte sehr viel geben können...«

»Worüber hast du denn mit ihr gesprochen?«

Der Jüngling senkt traurig und ärgerlich den Kopf.

»Sie kennt kaum mehr als zehn Worte, und da haben wir geschwiegen...«

»Die wahre Liebe«, sagt der Alte und dreht sich um und läßt, breit lächelnd, seine weißen Zähne sehen, »die wahre Liebe trifft wie der Blitz mitten ins Herz, und sie ist stumm wie der Blitz... Weißt du?«

Der junge Mann hat einen großen Stein aufgehoben und will ihn ins Meer werfen. Er holt weit aus und – wirft ihn über die Schulter nach hinten.

»Man begreift manchmal nicht, wozu die Menschen verschiedene Sprachen brauchen.«

»Man sagt, das soll es später nicht mehr geben«, sagt der Alte nach einigem Nachdenken.

Auf der blauen Fläche des Meeres gleitet im milchigen Nebel des fernen Horizonts wie der Schatten einer Wolke lautlos ein weißer Dampfer vorüber.

»Nach Sizilien!« bemerkt der Alte nickend.

Er holt eine lange, zerdrückte schwarze Zigarre hervor, bricht sie durch und reicht dem Jüngling eine Hälfte über die Schulter hin.

»Woran hast du gedacht, als du mit ihr zusammengesessen hast?«

»Der Mensch denkt immer ans Glück...«

»Deshalb ist er auch immer so dumm«, unterbricht ihn der Alte gelassen.

Sie rauchen. Blaue Rauchfäden schweben über den Steinen in der windstillen Luft, die von dem satten Geruch des fruchtbaren Erdbodens und des kosenden Wassers erfüllt ist.

»Ich habe ihr etwas vorgesungen, und sie hat gelächelt...«

»Na und?«

»Du weißt doch, ich singe schlecht.«

»Jawohl.«

»Dann habe ich die Ruder sinken lassen und sie angesehen.«

»Hehe?«

»Ich habe sie angesehen und mir gesagt: Da bin ich nun, jung und stark, und du langweilst dich. Hab mich lieb und laß mich ein schönes Leben beginnen!«

»Langweilt sie sich denn?«

»Wer reist schon in ein fremdes Land, wenn er reich und glücklich ist?«

»Bravo!«

»Ich verspreche dir, dachte ich, ich verspreche dir im Namen der Heiligen Jungfrau Maria, ich will gut zu dir sein, und alle Leute sollen es gut bei uns haben...«

»Ecco!« ruft der Alte, den großen Kopf zurückwerfend, und bricht in ein tiefes Lachen aus.

»Ich werde dir immer treu sein...«

»Hm...«

»Oder ich dachte: Wir bleiben eine Zeitlang zusammen, ich habe dich gern, solange du willst, dann gibst du mir Geld für einen Kahn, Fischergeräte und ein Stück Land, und ich kehre in meine liebe Heimat zurück und behalte dich mein Leben lang in guter Erinnerung.«

»Das wäre nicht übel.«

»Als es dann zu tagen begann, dachte ich bereits, das alles wäre überflüssig, ich brauchte kein Geld, sondern sie allein, wenn auch nur für diese eine Nacht...«

»Das ist einfacher...«

»Nur für eine Nacht!«

»Ecco!« sagte der Alte.

»Mir scheint, Onkel Pietro, ein kleines Glück – das ist doch immer etwas Anständiges...«

Der Alte schweigt, die kräftigen Lippen zusammengepreßt und die Augen unverwandt auf das grüne Wasser gerichtet. Der Jüngling aber singt leise und traurig: »Oh, meine Sonne...«

»Jaja«, sagte plötzlich der Alte kopfschüttelnd, »ein kleines Glück ist anständiger und ehrlicher, aber ein großes – ist doch besser... Die armen Leute sind schöner, aber die reichen – mächtiger... Und so ist es mit allem... mit allem!«

Es rauschen und plätschern die Wellen, die blauen Rauchfäden schweben wie Heiligenscheine über den Köpfen der Männer. Der Jüngling hat sich erhoben und singt leise, die Zigarre im Mundwinkel. Er lehnt mit der Schulter an den grauen Felsbrocken, hat die Arme über der Brust gekreuzt und blickt mit den großen Augen eines Träumers auf das weite Meer hinaus.

Der Alte sitzt unbeweglich mit gesenktem Kopf da. Er scheint zu schlummern.

Die violetten Schatten der Berge werden dichter und sanfter.

»Oh, meine Sonne!« singt der Jüngling...

»Die Sonne ging auf
noch schöner am Himmel,
noch schöner am Himmel als du!
O Sonne, Sonne!
Oh, strahle auf mich herab!«

Und lustig klingen die grünen Wellen.

Die Hochzeit

Auf einer kleinen Station zwischen Rom und Genua öffnete der Schaffner die Tür unseres Abteils und schob mit Unterstützung eines ölbeschmierten Bahnarbeiters einen kleinen, einäugigen alten Mann zu uns herein.

»Ein sehr alter Mann!« sagten beide zu gleicher Zeit und lächelten gutmütig.

Aber es stellte sich heraus, daß der Alte noch ziemlich rüstig war; nachdem er für die Hilfe mit einer Bewegung seiner runzligen Hand gedankt hatte, nahm er höflich und fröhlich den zerlöcherten Hut vom grauen Kopf und fragte, während er die Polstersitze mit seinem scharfen Auge musterte: »Gestatten Sie, daß ich mich setze?«

Man machte ihm einen Platz frei. Er setzte sich, seufzte erleichtert auf, legte die Hände auf die spitzen Knie und verzog den zahnlosen Mund zu einem gutmütigen Lächeln.

»Fahren Sie weit, Großvater?« fragte mein Gefährte.

»Oh, nur drei Stationen!« entgegnete der Einäugige freundlich. »Ich fahre zur Hochzeit meines Enkels...«

Einige Minuten darauf erzahlte er schon bereitwillig beim rollenden Geräusch der Räder seine Geschichte. Dabei schaukelte er hin und her wie ein geknickter Ast an einem regnerischen Tag.

»Ich bin Ligurier. Wir Ligurier sind alle sehr kräftige Leute. Sehen Sie, ich habe dreizehn Söhne und vier Töchter, und ich verrechne mich bereits, wenn ich die Zahl meiner Enkel feststellen will. Das ist schon der zweite, der heute heiratet – schön, nicht wahr?«

Er blickte die Anwesenden mit seinem ausgeblichenen,

immer noch lustigen Auge stolz an und lächelte leise vor sich hin.

»Sehen Sie, wieviel Menschen ich dem Land und dem König geschenkt habe!

Wie ich mein Auge verloren habe? Oh, das ist schon lange her, ich war noch ein kleiner Bursche, aber ich half schon dem Vater. Er grub den Weinberg um, unser Boden ist hart, er verlangt sorgfältige Pflege, viele Steine. Ein Stein sprang von seiner Hacke ab und traf mein Auge. Ich entsinne mich nicht mehr, ob es sehr geschmerzt hat, aber während des Mittagessens fiel mir das Auge heraus – das war furchtbar, Signori! Man setzte es mir wieder ein und legte warmes Brot darauf, aber das Auge war bereits tot!«

Der Alte rieb sich kräftig seine runzlige, braune Wange und lächelte wieder gutmütig und fröhlich.

»Damals gab es noch nicht so viele Ärzte, und die Leute lebten viel einfältiger – o ja! Vielleicht waren sie besser? Na?«

Sein einäugiges, ledernes Gesicht mit den tiefen Falten und den graugrünen, wie Schimmel aussehenden Haaren bekam einen schlauen, triumphierenden Ausdruck.

»Wenn man so lange gelebt hat wie ich, darf man doch geradeheraus über die Menschen sprechen, nicht wahr?«

Er hob nachdrücklich den gekrümmten dunklen Zeigefinger, als wollte er jemand drohen.

»Also, Signori, ich will Ihnen etwas von den Menschen erzählen...

Als der Vater starb, war ich dreizehn Jahre alt – sehen Sie, ich bin auch jetzt nicht sehr groß. Aber ich war flink und unermüdlich bei der Arbeit – das war alles, was mir der Vater hinterlassen hatte, denn unser Haus und Feld waren schuldenhalber verkauft worden. So lebte ich denn mit einem Auge und mit zwei Händen und arbeitete überall, wo ich nur Arbeit erhielt... Es war schwer, aber die Jugend fürchtet keine Arbeit – nicht wahr?

Mit neunzehn Jahren traf ich ein Mädchen, das ich liebgewinnen sollte. Sie war ebenso arm wie ich, aber groß und kräftig, sie lebte mit ihrer Mutter zusammen, einer kranken alten Frau, und arbeitete wie ich, wo sich nur eine Gelegenheit bot. Sie war nicht sehr schön, aber klug und gut. Und eine wunderbare Stimme hatte sie... oh! Sie sang wie eine Künstlerin, und das ist doch ein wahrer Schatz! Auch ich sang nicht schlecht.

›Wollen wir heiraten?‹ fragte ich sie.

›Das wäre lächerlich, du Einauge!‹ sagte sie verdrießlich. ›Weder du noch ich haben etwas – wovon sollen wir leben?‹

Das war die reine Wahrheit, wir hatten wirklich nichts. Aber was braucht man, wenn man jung ist und sich liebhat? Sie alle wissen doch, wie wenig man braucht, wenn man sich liebhat; ich blieb also hartnäckig und siegte.

›Ja, du magst wirklich recht haben‹, sagte Ida endlich. ›Wenn die heilige Madonna dir und mir jetzt hilft, wo jeder für sich lebt, wird sie uns natürlich noch leichter helfen können, wenn wir zusammen leben.‹

Wir gingen zum Pfarrer.

›Das ist doch Wahnsinn!‹ sagte der. ›Gibt es noch zuwenig Bettler in Ligurien? Ihr Unglücklichen, ihr müßt gegen die Versuchungen des Teufels ankämpfen, sonst wird euch eure Schwäche teuer zu stehen kommen.‹

Die jungen Leute in der Gemeinde lachten uns aus, die alten verurteilten uns. Aber die Jugend ist starrköpfig und hat von ihrem Standpunkt aus recht! Der Hochzeitstag brach an. Wir waren inzwischen nicht reicher geworden und wußten nicht einmal, wo wir in der Hochzeitsnacht schlafen würden.

›Wir gehen aufs Feld hinaus!‹ sagte Ida. ›Warum soll das schlecht sein? Die Madonna erweist den Menschen überall die gleiche Güte.‹

So beschlossen wir denn: Die Erde soll unser Bett sein und der Himmel unsere Decke!

Nun beginnt eine neue Geschichte. Ich bitte um Ihre Aufmerksamkeit, Signori – es ist die schönste Geschichte meines langen Lebens! Am Tag vor der Hochzeit sagte der alte Giovanni, bei dem ich lange gearbeitet hatte, frühmorgens zu mir – wissen Sie, er sagte das so ganz nebenbei, es handelte sich ja nur um eine Kleinigkeit: ›Hör mal, Ugo, du könntest den alten Schafstall ausfegen und Stroh hineintragen. Wenn er auch länger als ein Jahr leer gestanden hat und trocken ist, muß man ihn dennoch gut instand setzen, wenn du mit deiner Ida dort wohnen willst!‹

Wir hatten also schon ein Häuschen!

Ich stand singend bei der Arbeit, als der Tischler Constanzio in der Tür auftauchte. ›Du willst mit der Ida hier wohnen? Ja, aber habt ihr denn auch ein Bett? Wenn du fertig bist, könntest du zu mir herüberspringen und dir eins holen. Ich hab eins übrig.‹

Als ich zu ihm ging, schrie die böse Maria, die Krämerin: ›Diese Unglücklichen – heiraten und haben kein Laken, kein Kissen! Du bist ja wahnsinnig, Einauge! Schick mal deine Braut zu mir...‹

Der gelähmte und von Rheumatismus und Fieber gequälte Ettore Viano rief ihr von der Tür seines Häuschens zu: ›Frag ihn doch, ob er auch Wein für seine Gäste hat! Oh, diese Menschen; was kann es Leichtsinnigeres geben!‹«

Auf der Wange des Alten, in einer der tiefen Falten, glitzerte eine Freudenträne. Er warf den Kopf zurück und lachte lautlos; sein spitzer Kehlkopf tanzte auf und ab, die zerfurchte Haut seines Gesichts bebte, und er fuchtelte wie ein Kind mit den Händen.

»Oh, Signori, Signori!« sagte er schwer atmend, ohne mit Lachen aufzuhören. »Am Hochzeitsmorgen hatten wir alles, was wir für die Wirtschaft brauchten: eine Muttergottesfigur, Geschirr, Wäsche, Möbel – alles, ich schwöre es Ihnen! Ida weinte und lachte, und ich auch, und alle lachten – es geht doch nicht an, am Hochzeitstag zu weinen, und alle unsere Leute lachten uns aus...

Wissen Sie, Signori, es ist verteufelt schön, wenn man von den Menschen ›unsere Leute‹ sagen darf. Noch besser aber ist es, wenn du *fühlst*, daß sie zu dir gehören, daß sie dir nahestehen, dir verwandt sind, daß sie dein Leben nicht als Scherz und dein Glück nicht als Spielerei betrachten!

Das war eine Hochzeit! Ein wunderbarer Tag! Die ganze Gemeinde blickte auf uns, und alles kam in unseren Schafstall, der sich plötzlich in ein reiches Haus verwandelt hatte... Wir besaßen alles: Wein, Früchte, Fleisch, Brot, und alles aß, und alles war lustig und vergnügt... Denn, Signori, es gibt kein größeres Vergnügen, als den Menschen Gutes zu tun. Glauben Sie mir, es gibt nichts Schöneres und Lustigeres!

Auch der Pfarrer war gekommen. ›Seht‹, sagte er streng, aber gütig, ›seht, die beiden haben für euch alle gearbeitet, und ihr habt nun dafür gesorgt, daß sie an diesem Tag, dem schönsten Tag ihres Lebens, froh sein dürfen. Es war eure Pflicht, so zu handeln, denn sie haben für euch gearbeitet, und die Arbeit steht höher als alles Kupfer- und Silbergeld: die Arbeit ist immer mehr wert als der Preis, den man für sie zahlt! Das Geld verschwindet, die Arbeit aber bleibt... Diese Menschen sind froh und bescheiden, ihr Leben war schwer, aber sie klagten nie, sie werden noch mehr Mühsal ertragen und nicht jammern, denn ihr werdet ihnen in schwerer Stunde zur Seite stehen. Sie haben gute Hände – aber ihre Herzen sind noch besser...‹

Er hat mir und Ida und der ganzen Gemeinde viel Schönes und Gutes gesagt!«

Der Alte sah uns alle der Reihe nach mit seinem jugendlich leuchtenden einen Auge triumphierend an.

»Das ist meine Erzählung von den Menschen, Signori. – Sie ist schön, nicht wahr?«

Die Kirche

Es ist Frühling, hell leuchtet die Sonne, die Leute sind fröhlich, selbst die Fensterscheiben der alten Häuser lächeln freundlich. Durch die Straßen des Städtchens wogt ein bunter Strom festlich gekleideter Menschen, die ganze Stadt ist auf den Beinen, Arbeiter, Soldaten, Bürger, Priester, Beamte, Fischer; alle spüren den Frühling im Blut, sprechen laut, lachen, scherzen und singen, und alle sind, wie ein gesunder Körper, voller Lebensfreude.

Die bunten Schirme, die Hüte der Frauen, die roten und blauen Luftballons der Kinder gleichen wundersamen Blüten, und wie Edelsteine am prunkvollen Gewand eines Märchenkönigs strahlen überall die lachenden, frohen Gesichter der Kinder, dieser fröhlichen Herren der Welt.

Die blaßgrünen Blätter der Bäume haben sich noch nicht entfaltet, sie sind zu dicken Knospen zusammengerollt und saugen gierig die warmen Strahlen der Sonne ein. Aus der Ferne dringen die lockenden Klänge der Musik herüber.

Man hat den Eindruck, als hätten die Menschen alles Schlimme überstanden, als wäre der gestrige Tag der letzte Tag eines schweren, ihnen zum Ekel gewordenen Lebens gewesen und als wären heute alle erwacht wie Kinder, mit heiteren Gesichtern, mit dem festen, frohen Glauben an sich und an die Unbesiegbarkeit ihres Willens, vor dem sich alles beugen muß; und so gehen sie nun gemeinsam und zuversichtlich der Zukunft entgegen.

Es war seltsam, kränkend und niederdrückend, in dieser fröhlichen Menge ein bekümmertes Gesicht zu sehen: am Arm einer jungen Frau ging ein hochgewachsener, kräftiger Mann vorüber, der sicher nicht älter war als dreißig, aber schon völlig ergrautes Haar hatte. Er hielt den Hut in der Hand, sein runder Kopf schimmerte silbern, das hagere, gesunde Gesicht war ruhig und traurig. Die großen, dunklen, halbgeschlossenen Augen blickten so wie die eines Menschen, der einen tiefen Schmerz erfahren hat und ihn nie vergessen kann.

»Sieh dir dieses Paar aufmerksam an, besonders den Mann«, sagte mein Gefährte. »Er hat eines jener Dramen erlebt, wie sie sich jetzt in den Arbeiterkreisen Norditaliens immer häufiger abspielen.«

Und der Genosse erzählte mir:

»Dieser Mann ist Sozialist, Redakteur des hiesigen Arbeiterblattes, er ist selbst Arbeiter, ein Maler. Er gehört zu jenen Naturen, denen ihr Wissen zum Glauben wird und deren Glaube den Wissensdurst noch stärker entfacht. Er ist ein heftiger, gescheiter Gegner der Klerikalen – sieh nur, mit was für haßerfüllten Blicken die schwarzen Kutenträger seine Gestalt verfolgen.

Vor etwa fünf Jahren, als er sich mit sozialistischer Propaganda beschäftigte, traf er in einem seiner Zirkel ein Mädchen, das sofort seine Aufmerksamkeit auf sich lenkte. Hier haben die Frauen gelernt, stumm und unerschütterlich zu glauben. Jahrhundertelang haben die Priester daran gearbeitet, diese Fähigkeit in ihnen zu entwickeln, und zwar mit vollem Erfolg. Jemand hat richtig bemerkt, daß die katholische Kirche auf dem Busen des Weibes errichtet ist. Der Marienkult ist nicht nur heidnisch schön, sondern vor allen Dingen auch ein sehr kluger Kult. Die Madonna ist schlichter als Christus; sie steht dem Herzen näher, in ihr gibt es keine Widersprüche, sie droht nicht mit der Hölle. Sie ist ganz Liebe, ganz Mitleid und Vergebung und vermag mit Leichtigkeit das Frauenherz fürs ganze Leben an sich zu fesseln.

Nun, er sah ein Mädchen, das zu reden und zu fragen wußte, und immer fühlte er aus ihren Fragen, neben einem naiven Staunen über seine Ideen, ein unverhülltes Mißtrauen gegen ihn, ja oft Furcht und sogar Abscheu heraus. Ein sozialistischer Agitator muß in Italien oft und viel über Religion sprechen und scharfe Worte gegen den Papst und die Priester gebrauchen. Jedesmal, wenn er diesen Gegenstand berührte, las er in den Augen des Mädchens etwas wie Haß und Verachtung, und wenn sie etwas fragte, klangen ihre Worte feindselig, und ihre weiche Stimme war wie mit Gift getränkt. Es war klar, daß sie die antisozialistische Literatur der Katholiken gut kannte und daß ihr Wort in diesem Zirkel nicht weniger galt als das seine.

Hier behandelt man die Frauen viel einfacher und gröber als in Rußland, und bis heute haben die Italienerinnen auch in der Tat viel Anlaß dazu gegeben; da sie für nichts Interesse hatten außer für die Kirche, standen sie der Kulturarbeit der Männer im besten Falle fremd gegenüber und begriffen ihre Bedeutung nicht.

Seine männliche Eigenliebe war verletzt, sein Ruf eines erfahrenen Agitators litt unter den Zusammenstößen mit dem Mädchen. Er wurde ärgerlich und griff sie mehrfach mit Erfolg an, aber sie zahlte ihm mit gleicher Münze heim und zwang ihn, da sie ihm gegen seinen Willen Achtung abtrotzte, sich auf die Vorträge in dem Zirkel besonders sorgfältig vorzubereiten.

Daneben aber sah er jedesmal, wenn er von der schmachvollen Gegenwart sprach, davon, wie sie den Menschen unterdrückt und seinen Körper, seine Seele verunstaltet, wenn er vor den Zuhörern das Bild einer besseren Zukunft entrollte, da der Mensch äußerlich und innerlich frei sein wird, ihr völlig verwandeltes Gesicht vor sich: Sie lauschte seinen Worten mit der Empörung eines klugen, kraftvollen Weibes, dem die schweren Ketten des Lebens wohlbekannt sind, und mit der vertrauensvollen Gier eines Kindes, das ein herrliches Märchen vernimmt, welches mit seiner ebenso herrlichen, feinfühligen Seele harmoniert.

Das erweckte in ihm das Vorgefühl des Sieges über den Gegner, der ein prächtiger Genosse werden konnte.

Ein Jahr fast währte dieser Zweikampf, ohne daß einer von ihnen den Wunsch verspürt hätte, sich dem andern zu nähern und den Kampf Auge in Auge fortzuführen, bis endlich er als erster an sie herantrat.

›Signorina, Sie sind mein ständiger Opponent. Finden Sie nicht auch, es wäre im Interesse der Sache besser, wenn wir uns näher kennenlernten?‹

Sie willigte gern ein, doch schon nach den ersten Worten entbrannte der Kampf zwischen ihnen. Das Mädchen verteidigte mit der größten Heftigkeit die Kirche als den einzigen Hort, wo der gequälte Mensch sich seelisch ausruhen könne; hier, vor dem Antlitz der gütigen Madonna, seien alle, ohne Ansehen der Person, gleich viel wert und gleich elend. Er entgegnete darauf, daß die Menschen nicht ruhen dürften, sondern kämpfen müßten, daß die Gleichheit der Staatsbürger undenkbar sei ohne die Gleichheit der materiellen Güter und daß sich alle *die* hinter der Madonna verbärgen, in deren Interesse es liege, die Menschen in ihrer Dummheit und Unwissenheit zu belassen.

Seitdem füllten diese Auseinandersetzungen ihr ganzes Leben aus, bei jeder Zusammenkunft wurde dieses endlose, leidenschaftliche Streitgespräch fortgesetzt, und mit jedem Tag trat der schicksalhafte Gegensatz ihrer Anschauungen deutlicher hervor.

Für ihn war das Leben ein Kampf um die Verbreitung des Wissens, ein Kampf um die Unterwerfung der geheimnisvollen Kräfte der Natur unter den Willen der Menschen; alle Menschen mußten in gleicher Weise für diesen Kampf gerüstet sein, an dessen Ende die Freiheit und der Sieg der Vernunft winkten, der Sieg jener gewaltigsten aller Kräfte, jener einzigen Kraft in der Welt, die bewußt handelt. Für sie dagegen bestand das Leben in der qualvollen Aufopferung des Menschen für etwas Geheimnisvolles, in der Unterordnung der Vernunft unter jenen Willen, dessen Gesetze und Ziele nur dem Priester bekannt waren.

Betroffen fragte er sie: ›Aber weshalb besuchen Sie dann meine Vorträge? Was erwarten Sie vom Sozialismus?‹

›Ich weiß, ich sündige und widerspreche mir selbst‹, entgegnete sie traurig. ›Aber es ist so schön, Ihnen zuzuhören und von der Möglichkeit zu träumen, daß alle Menschen glücklich werden.‹

Sie war nicht sehr hübsch, von schmächtiger Gestalt, hatte ein kluges Gesichtchen und große Augen, die sanft und zornig, freundlich und hart blicken konnten; sie arbeitete in einer Seidenfabrik und lebte zusammen mit ihrer alten Mutter, dem lahmen Vater und der jüngeren Schwester, die eine Handwerkerschule besuchte. Zuweilen war sie fröhlich, zwar verhalten, aber bezaubernd. Sie hatte Museen und altertümliche Kirchen gern, begeisterte sich für Gemälde und Kunstgegenstände und sagte bei ihrem Anblick: ›Wie merkwürdig, daß diese herrlichen Dinge einstmals in den Häusern von Privatpersonen verborgen waren und daß nur einzelne wenige Menschen das Recht hatten, ihre Schönheit zu genießen. Das Schöne muß allen zugänglich sein, nur dann ist es lebendig.‹

Sie sprach oft so sonderbar, und immer schien es ihm, als entsprängen diese Worte einem ihm unverständlichen Schmerz in ihrer Seele; sie erinnerten an das Stöhnen eines Verwundeten. Er fühlte, daß dieses Mädchen dem Leben und den Menschen die tiefe, sorgende und mitleidsvolle Liebe einer Mutter entgegenbrachte; er harrte geduldig aus, bis sein Glaube ihr Herz entzünden und die stille Liebe in Leidenschaft verwandeln würde. Ihm schien, als lauschte sie seinen Worten immer aufmerksamer und als wäre sie im Herzen bereits mit ihm einverstanden. Und er sprach immer feuriger von der Notwendigkeit des unermüdlichen Kampfes um die Befreiung des einzelnen Menschen, des Volkes, der Menschheit von den alten Ketten, deren Rost sich so tief in die Seelen eingefressen, sie verdunkelt und vergiftet habe.

Als er sie einmal nach Hause begleitete, sagte er ihr, er habe sie gern, und bat sie, seine Frau zu werden. Er erschrak, als er sah, welchen Eindruck seine Worte auf sie machten: sie wich zurück, als hätte er ihr einen Schlag versetzt, lehnte sich bleich, mit weit geöffneten Augen an die Wand, verbarg die Hände auf dem Rücken und sagte, während sie ihn fast mit Entsetzen ansah: ›Ich ahnte, ja, ich fühlte es, daß es so kommen würde, denn ich liebe Sie schon längst; aber, o Gott, was soll nun werden?‹

›Nun kommen die Tage des Glücks für dich und für mich, die Tage unserer gemeinsamen Arbeit‹, rief er aus.

›Nein!‹ sagte sie und senkte den Kopf. ›Nein, wir dürfen nicht von Liebe sprechen.‹

›Weshalb nicht?‹

›Würdest du dich kirchlich trauen lassen?‹ fragte sie leise.

›Nein!‹

›Dann – leb wohl!‹

Sie entfernte sich schnell.

Er holte sie ein und fing an, ihr zuzureden. Sie hörte ihn stumm, ohne Widerrede an und sagte: ›Ich, mein Vater und meine Mutter, wir alle sind gläubige Christen und werden als solche sterben. Eine Ehe, die nur auf dem Standesamt geschlossen wird, ist für mich keine Ehe. Wenn in solcher Ehe Kinder geboren werden, so sind sie – das weiß ich genau – unglücklich. Nur eine kirchliche Ehe heiligt die Liebe, nur sie verleiht Glück und Frieden.‹

Er sah nun deutlich, daß sie nicht so leicht nachgeben würde. Aber auch er konnte natürlich nicht nachgeben.

Sie trennten sich, und beim Abschied sagte das Mädchen: ›Wir wollen einander nicht quälen. Versuche nicht, mir zu begegnen! Ach, wenn du doch diesen Ort verlassen wolltest! Ich kann es nicht, ich bin so arm...‹

›Ich möchte dir nichts versprechen‹, entgegnete er.

Und nun entbrannte ein Kampf zwischen diesen beiden starken Naturen: sie trafen sich natürlich, und sogar häufiger als früher, denn sie suchten diese Zusammenkünfte, in der Hoffnung, einer von ihnen würde die Qualen dieses unbefriedigten, emporlodernden Gefühls nicht mehr ertragen können. Ihre Zusammenkünfte waren voller Verzweiflung und Herzeleid; nach jedem Wiedersehen fühlte er sich kraftlos und wie zerschlagen, und sie ging, in Tränen gebadet, zur Beichte. Er wußte das, und ihm schien, die schwarze Mauer der Tonsurenträger würde mit jedem Tag höher und unüberwindbarer und werde sie bis zu ihrem Tode voneinander trennen.

Als sie einmal an einem Feiertag außerhalb der Stadt spazierengingen, sagte er zu ihr, er wollte ihr damit nicht drohen, er hatte nur laut gedacht: ›Weißt du, mir scheint zuweilen, ich könnte dich töten...‹

Sie schwieg.

›Hast du gehört, was ich gesagt habe?‹

›Ja‹, entgegnete sie, ihm liebevoll ins Gesicht blickend.

Er wußte nun, sie würde eher sterben als nachgeben. Vor diesem ›Ja‹ hatte er sie zuweilen umarmt und geküßt. Sie hatte sich gesträubt, aber ihr Widerstand war immer schwächer geworden, und er hatte davon geträumt, daß sie eines Tages unterliegen und daß ihm dann der weibliche Instinkt helfen würde, sie zu besiegen. Nun aber begriff er, das würde kein Sieg, sondern Unterjochung sein, und seitdem vermied er es, das Weib in ihr zu wecken.

So drehte er sich mit ihr in dem dunklen Kreis ihrer Vorstellungen vom Leben, er entzündete vor ihr alle Lichter, soweit ihm das möglich war, aber sie lauschte seinen

Worten wie eine Blinde, mit einem verträumten Lächeln; sie glaubte ihm nicht.

Einmal sagte sie zu ihm: ›Ich sehe zuweilen ein, daß alles, wovon du sprichst, möglich ist. Ich glaube aber, das rührt daher, daß ich dich liebe! Ich begreife alles, aber – ich glaube es nicht, ich kann es nicht glauben! Und wenn du dich entfernst, verschwindet alles, was du mir sagst.‹

Das ging beinahe zwei Jahre lang so, bis das Mädchen erkrankte. Er ließ seine Arbeit im Stich, gab seine Tätigkeit in der Parteiorganisation auf, fing an Schulden zu machen, vermied es, mit den Genossen zusammenzukommen, und lief ständig vor ihrer Wohnung auf und ab oder saß am Bett der Kranken; er sah sie verlöschen und mit jedem Tage immer fahler und durchsichtiger werden, während das Feuer der Krankheit immer heller in ihren Augen loderte.

›Erzähle mir von der Zukunft!‹ bat sie ihn.

Er aber sprach von der Gegenwart und zählte absichtlich alles auf, was die Menschen zugrunde richtet und wogegen er immer ankämpfen würde und was man aus dem Leben der Menschen hinauswerfen müsse wie einen dunklen, abgetragenen, schmutzigen Fetzen.

Sie hörte ihm zu, aber wenn es ihr zu unerträglich wurde, hemmte sie seinen Redefluß, indem sie seine Hand berührte und ihn flehentlich anblickte.

›Muß ich ... sterben?‹ fragte sie einmal, viele Tage nachdem der Arzt ihm gesagt hatte, sie leide an der galoppierenden Schwindsucht und ihr Zustand sei hoffnungslos.

Er antwortete nicht und senkte den Blick.

›Ich weiß, daß ich bald sterben werde‹, sagte sie. ›Gib mir die Hand.‹

Und als er ihr die Hand entgegenstreckte, küßte sie sie mit ihren heißen Lippen und sprach: ›Vergib mir, ich bin schuldig an dir! Ich habe mich geirrt und dich gequält. Ich sehe nun, da das Leben zu Ende geht, daß mein Glaube nur Furcht vor dem Unbegreiflichen war, eine Furcht, die ich trotz meines aufrichtigen Wunsches, trotz deiner Bemühungen nicht überwinden konnte. Es war nichts als Furcht, aber sie steckt mir im Blut, ich bin damit zur Welt gekommen. Im Denken bin ich selbständig, es ist dem deinen ähnlich, aber meinem Herzen blieb das alles fremd. Du hast recht, das ist mir klargeworden, aber mein Herz konnte dir nicht zustimmen...‹

Einige Tage darauf starb sie; während ihres Todeskampfes ergraute er – ein Mann von siebenundzwanzig Jahren.

Vor kurzem hat er die einzige Freundin jenes Mädchens, eine seiner Schülerinnen, geheiratet. Sie gehen jetzt auf den Friedhof – zu ihr; jeden Sonntag wandern sie dort hinaus, um Blumen auf ihr Grab zu legen.

Er glaubt nicht an seinen Sieg und ist der festen Überzeugung, daß sie, als sie ihm erklärte: ›Du hast recht‹, absichtlich die Unwahrheit sagte, um ihn zu trösten. Seine Frau ist derselben Meinung, und beide pflegen liebevoll das Andenken der Toten. Diese traurige Geschichte vom Untergang eines guten Menschen spornt sie an, diesen Menschen zu rächen, und verleiht ihrer gemeinsamen, nie erlahmenden Tätigkeit etwas Besonderes, Umfassendes und Schönes.«

Im Sonnenschein wogt der lebendige, feiertäglichbunte Strom der Menschen, ein fröhlicher Lärm begleitet ihn, Kinder schreien und lachen; es ist natürlich nicht allen leicht und froh zumute, sicherlich sind viele Herzen von dumpfer Trauer erfüllt und viele Köpfe von Widersprüchen gemartert, aber wir alle schreiten der Freiheit, der Freiheit entgegen!

Und je einiger wir sind, desto schneller schreiten wir voran!

Die Mutter und Tamerlan

Preis sei dem Weibe, der Mutter, dem unerschöpflichen Born des sieghaften Lebens.

Wir wollen vom eisernen Timur-Lenk, dem lahmen Panther, von Sahib-i-Kiran erzählen, von dem glücklichen Eroberer, von Tamerlan, wie ihn die Ungläubigen nannten, von dem Manne, der die ganze Welt zerstören wollte.

Fünfzig Jahre lang schritt er über die Erde, sein eiserner Fuß zertrat Städte und Staaten wie der Fuß eines Elefanten wimmelnde Ameisenhaufen; wo er vorüberkam, da flossen Ströme von Blut; er schichtete die Gebeine der besiegten Völker zu hohen Türmen; er zerstörte das Leben, stritt mit dem Tode um die Macht, er rächte sich an ihm, weil er ihm seinen Sohn Dschihangir geraubt hatte; ein furchtbarer Mensch – er wollte dem Tod alle Opfer entreißen, auf daß jener vor Hunger und Gram verrecke!

Seit dem Tag, da sein Sohn Dschihangir starb und das Volk von Samarkand den Bezwinger der bösen Dschets in schwarze und blaue Gewänder gehüllt, mit Staub und Asche auf dem Haupt erblickt hatte, von jenem Tag an bis zu der Stunde, da der Tod ihn in Otrara bezwang, hat Timur dreißig Jahre lang kein einziges Mal gelächelt. So hat er sein Leben verbracht – mit zusammengepreßten Lippen, ohne vor jemand sein Haupt zu neigen, und sein Herz war gewappnet gegen jegliches Mitleid – dreißig Jahre lang!

Preis sei dem Weib, der Mutter, der einzigen Macht, vor der sich der Tod demutsvoll beugt. Hier soll die wahre Geschichte einer Mutter erzählt werden, vor der sich der Knecht und Sklave des Todes, der eherne Tamerlan, die blutige Geißel der Welt, neigte.

Und das geschah so:

Einst hielt Timur-Beg ein Festmahl in dem herrlichen, von Rosen- und Jasminwolken bedeckten Tal Kanigula, in jenem Tal, das von den Dichtern Samarkands »Die Liebe der Blumen« genannt wurde und von wo aus man die Minarette der gewaltigen Stadt und die blauen Kuppeln der Moscheen sieht.

Fünfzehntausend runde Zelte bedecken die Ebene wie ein großer Fächer, sie gleichen Tulpen, und jedes ist mit Hunderten von Seidenflaggen wie mit lebenden Blumen geschmückt.

Zwischen ihnen erhebt sich das Zelt Timur-Gurugans wie eine Königin unter den Gespielinnen. Es ist viereckig, hundert Schritt lang, ebensoviel Schritt breit und so hoch wie drei Speere, es wird von einer blauen Kuppel überspannt und in der Mitte von zwölf mannsdicken goldenen Säulen gestützt; es ist aus schwarzen, gelben und blauen Seidenstreifen genäht und mit fünfhundert roten Schnüren am Erdboden befestigt, damit es nicht zum Himmel emporsteige; an den Ecken prangen vier silberne Adler, und in der Mitte des Zeltes, unter der Kuppel, auf einer Erhöhung, ruht ein fünfter – der unbesiegbare Timur-Gurugan, der Beherrscher der Welt.

Er ist in ein weites Gewand aus himmelblauer Seide gehüllt, das übersät ist von Perlen, wohl an die fünftausend großen Perlen! Auf dem schrecklichen grauen Haupt trägt er eine hohe weiße Mütze, deren Spitze ein funkelnder Rubin schmückt, und dieses blutige Auge, das die ganze Welt erfaßt, schwankt unablässig hin und her.

Das Antlitz des Lahmen ähnelt einem breiten Dolch, der rostig ist vom Blut, in das er *Tausende Male* getaucht wurde; seine Augen sind schmal, aber sie sehen alles, und ihr Glanz gleicht dem kalten Gefunkel des Zaramuts, des Lieblingssteins der Araber, den die Ungläubigen Smaragd nennen und der die Fallsucht heilt. In den Ohren des

Herrschers aber blitzen Ringe aus Rubinen von Ceylon, herrlich wie die frischen Lippen eines schönen Mädchens.

Auf dem Fußboden, auf Teppichen, wie sie größer nicht sein können, stehen dreihundert goldene Gefäße mit Wein und allem, was zu einem königlichen Festmahl gehört; hinter Timur sitzen die Musikanten, niemand sitzt an seiner Seite, zu seinen Füßen aber lagern die blutsverwandten Könige und Fürsten und die Heerführer, ihm zunächst jedoch – der trunkene Dichter Kermani, derselbe, der einst auf die Frage des Weltzerstörers: »Kermani! Wieviel gäbest du für mich, wenn man mich dir feilböte?« dem Herrn des Todes und der Schrecken zur Antwort gab: »Fünfundzwanzig Askeri!«

»Soviel kostet ja allein mein Gürtel, Kermani!« rief Timur erstaunt aus.

»Ich dachte ja auch nur an diesen Gürtel, nur an den Gürtel, o Herr, denn du selbst bist keinen Groschen wert!«

So sprach der Dichter Kermani zu dem König der Könige, dem furchtbaren, entsetzlichen Mann. Gepriesen sei der Name des Dichters, des Freundes der Wahrheit, sein Ruhm gelte uns für alle Zeiten höher als der des Timur.

Gepriesen seien die Dichter, die nur einen Gott kennen – das schön gesprochene, furchtlose Wort der Wahrheit, das ist ihr Gott, den sie ewig verehren!

In solch einer Stunde ausgelassener Fröhlichkeit, beim Gelage, da die stolzen Erinnerungen an Schlachten und Siege wachgerufen wurden, unter dem Lärmen der Musik und der Volksspiele, als vor dem Königszelt zahlreiche bunte Gaukler umhersprangen, Athleten Ringkämpfe veranstalteten, Seiltänzer, als wären sie knochenlos, ihren Körper verrenkten, kühne Fechter in der Kunst des tödlichen Zweikampfes wetteiferten und eine Vorführung mit rot und grün bemalten Elefanten stattfand, die schreckenerregend oder lächerlich aussahen – in solch einer Stunde, da die Leute Timurs, berauscht von Furcht, von Stolz über seinen Ruhm, vom Siegestaumel, von Wein und Stutenmilch, sich ungezügelter Lust hingaben – in solch einer tollen Stunde drang plötzlich, wie ein Blitz durch die Wolken, an das Ohr des Besiegers von Sultan Bajazet der Schrei einer Frau, der stolze Schrei des Adlerweibchens, der seiner vom Tode beleidigten und daher zu den Menschen und zum Leben grausamen Seele bekannt und vertraut war.

Er befahl, man solle feststellen, wer da voller Kummer geschrien habe, und man berichtete ihm, ein in Lumpen gehülltes, mit Staub bedecktes Weib sei da. Das Weib mache den Eindruck einer Wahnsinnigen, es spreche arabisch und verlange – es verlange! –, ihn, den Beherrscher dreier Weltteile, zu sehen.

»Führt sie herein!« sagte der große König.

Und nun stand sie vor ihm, barfüßig, in sonnengebleichte Lumpen gehüllt. Sie hatte ihr schwarzes Haar gelöst, um die nackte Brust zu verhüllen, ihr Antlitz schien wie aus Bronze gegossen, das Auge blickte gebieterisch, und die dem Lahmen hingestreckte dunkle Hand zitterte nicht.

»Warst du es, der Sultan Bajazet besiegt hat?« fragte sie.

»Ja, ich war es. Ich habe viele Könige besiegt und auch ihn, und ich bin der Siege noch nicht müde. Was aber hast du von dir zu sagen, Weib?«

»Hör mich an!« sprach sie. »Soviel du auch vollbracht haben magst, du bist doch nur ein Mensch, ich aber bin eine Mutter! Du dienst dem Tode, ich aber dem Leben. Du hast dich schuldig gemacht vor mir, und so bin ich zu dir gekommen, damit du deine Schuld tilgst. Man hat mir gesagt, deine Losung sei: Gerechtigkeit ist Macht! Ich glaube nicht daran, gegen mich aber mußt du gerecht sein, denn ich bin eine Mutter.«

Der König war weise genug, um die Kraft zu ahnen, die

sich hinter der Kühnheit dieser Worte verbarg. Er sagte: »Setz dich nieder und sprich, ich will dich anhören!«

Sie ließ sich – so schien es ihr am bequemsten – im engen Kreis der Könige auf dem Teppich nieder und begann: »Ich komme von weit her; aus Salerno, in Italien, du kennst das Land nicht! Mein Vater war Fischer, mein Mann ebenfalls; er war sehr schön, wie es eben ein glücklicher Mensch ist, und ich war die Quelle seines Glückes! Auch einen Sohn hatte ich, den schönsten Jungen auf der Welt...«

»Wie mein Dschihangir«, sagte der alte Krieger leise.

»Den schönsten und klügsten Jungen! Er war sechs Jahre alt, als sarazenische Seeräuber an unserer Küste landeten. Sie erschlugen meinen Vater, meinen Mann und noch viele Leute und raubten mir meinen Jungen, den ich nun schon vier Jahre an allen Enden der Welt suche. Jetzt weilt er bei dir, ich weiß es, denn Bajazets Soldaten ergriffen und fingen die Seeräuber, du aber hast Bajazet besiegt und ihm alles genommen, was er besaß. Du mußt also wissen, wo mein Sohn ist; du mußt ihn mir wiedergeben!«

Alle Anwesenden brachen in Gelächter aus, und die Könige, die sich immer für sehr weise halten, sprachen: »Sie ist wahnsinnig!«

So sprachen die Könige und Timurs Freunde, die Fürsten und Feldherren, und sie lachten alle.

Nur Kermani blickte ernst auf das Weib, und Tamerlan sah sie mit großer Verwunderung an.

»Sie ist wahnsinnig, wie es nur eine Mutter sein kann!« flüsterte der trunkene Dichter Kermani. Und der König, der Feind aller Welt, sagte: »Weib! Wie konntest du aus jenem mir unbekannten Land hierhergelangen, über Meere und Flüsse, durch Gebirge und Wälder? Haben denn die wilden Tiere und die Menschen, die oft noch schlimmer sind als die wildesten Tiere, dir nichts getan?

Du hattest ja nicht einmal eine Waffe, diesen einzigen Freund der Schutzlosen, der sie nicht verrät, solange noch Kraft in ihren Händen ist! Ich muß alles wissen, damit ich dir glauben kann und damit mein Erstaunen es mir nicht unmöglich macht, dich zu verstehen!«

Preis sei dem Weibe, Preis sei der Mutter, deren Liebe grenzenlos ist und deren Brüste die Welt genährt haben! Alles Schöne im Menschen kommt von den Strahlen der Sonne und von der Milch der Mutter – das ist es, was uns mit Liebe zum Leben erfüllt.

Sie aber sprach zu Timur-Lenk: »Ich kam nur an ein einziges Meer; da gab es viele Inseln und Fischerkähne, und wenn man etwas sucht, was einem lieb ist, weht immer ein günstiger Wind. Die Flüsse sind leicht durchschwommen, ist man an der Küste geboren und groß geworden. Und die Berge? Ich habe keine bemerkt.«

Hier unterbrach sie der trunkene Kermani mit heiterer Stimme: »Wenn man liebt, wird der Berg zum Tale!«

»Ich kam durch Wälder, gewiß! Ich begegnete Ebern, Bären, Luchsen und wilden Stieren mit gesenkten Hörnern, und zweimal stieß ich auf einen Panther, der mich ebenso anblickte wie du, aber jedes Tier hat ein Herz; ich sprach mit ihnen wie mit dir, und sie glaubten mir, daß ich eine Mutter bin, und zogen seufzend weiter – sie hatten Mitleid mit mir! Weißt du denn nicht, daß die Tiere auch ihre Kinder lieben und nicht weniger für ihr Leben und ihre Freiheit kämpfen als wir Menschen?«

»Du hast recht, Weib!« sprach Timur. »Und oft – ich weiß das – lieben sie stärker und kämpfen hartnäckiger als der Mensch!«

»Die Menschen«, fuhr sie fort wie ein Kind, denn jede Mutter ist in ihrem Innern hundertfältig ein Kind, »die Menschen sind doch immer Kinder ihrer Mutter. Es hat doch ein jeder eine Mutter, ein jeder ist irgend jemandes Sohn, und selbst dich, Mann – du weißt es –, hat ein Weib geboren! Du kannst Gott verleugnen, aber deine Mutter kannst auch du nicht verleugnen.«

»Du hast recht, Weib!« rief der furchtlose Dichter Kermani. »Eine Herde von Stieren bringt keine Kälber, ohne Sonne blühen keine Blumen, ohne Liebe gibt es kein Glück, ohne Weib keine Liebe und ohne die Mutter keine Dichter und Helden.«

Und das Weib sprach: »Gib mir mein Kind wieder, denn ich bin eine Mutter, und ich liebe mein Kind!«

Verneigen wir uns vor dem Weibe – es hat einen Moses, einen Mohammed und den großen Propheten Jesus geboren, der von den bösen Menschen getötet wurde; aber – wie Scherif-ed-Din sagt – er wird wieder auferstehen und Gericht halten über die Lebenden und die Toten; in Damaskus wird das sein, in Damaskus!

Verneigen wir uns vor jener, die uns unermüdlich die Großen der Menschheit zur Welt bringt: Aristoteles ist ihr Sohn und Firdaussi und der honigsüße Sa'di, Omar Chajjâm, der dem Weine gleicht, in den Gift geträufelt wurde, Iskander und der blinde Homer – sie alle sind ihre Kinder, sie alle haben ihre Milch gesogen, sie alle hat sie an ihrer Hand in die Welt geführt, als sie noch nicht größer waren als eine Tulpe – der höchste Stolz dieser Welt ist das Werk der Mütter!

Und der grauhaarige Zerstörer der Städte, der lahme Tiger Timur-Gurugan, wurde nachdenklich. Lange schwieg er, dann aber sprach er, an alle gewandt: »Men tangri kuli Timur! Ich, der Knecht Gottes, Timur, sage euch folgendes! Seht, ich habe schon viele Jahre gelebt, die Erde ächzt unter meinen Tritten, und seit dreißig Jahren vernichte ich mit dieser Hand die Ernte des Todes, und ich vernichte sie, um Rache zu nehmen an ihm, weil er meinen Sohn Dschihangir, die Sonne meines Herzens, dahingerafft hat. Man hat mit mir um Königreiche und Städte gekämpft, nie aber um einen Menschen, und der Mensch hat in meinen

Augen keinen Wert gehabt, und ich habe nicht gewußt, wer er ist und was er mir auf meinem Weg bedeutet. Ich, Timur, habe nach meinem Sieg über Bajazet gesagt: ›O Bajazet, Gott schätzt die Staaten und Menschen offenbar sehr gering ein; sieh, welchen Leuten er die Macht über sie anvertraut: du bist krumm, und ich bin lahm!‹ So sprach ich damals zu ihm, als man ihn gefesselt zu mir brachte und als er unter der Last der Ketten zusammenbrach, so sprach ich zu ihm, als ich ihn im Unglück sah, und ich fühlte, daß das Leben bitter ist wie der Wermut, der in den Ruinen wächst.

Ich, der Knecht Gottes, Timur, ich sage euch folgendes: Seht, hier vor mir sitzt ein Weib, wie es ihrer unzählige gibt, sie aber hat in meiner Seele Gefühle entfacht, die mir unbekannt waren. Sie spricht zu mir wie zu ihresgleichen, und sie bittet nicht – sie fordert. Und ich sehe nun, ich habe nun begriffen, weshalb dieses Weib so mächtig ist: Sie liebt, und sie erfuhr durch die Liebe, daß ihr Kind der Funke des Lebens ist, der zur Flamme für viele Jahrhunderte werden kann. Sind nicht alle Propheten Kinder gewesen, und waren nicht alle Helden hilflos und schwach? O Dschihangir, Licht meiner Augen, vielleicht warst du dazu bestimmt, der Erde Wärme zu spenden, Glück zu säen – ich habe sie reichlich mit Blut getränkt, und sie ist schwer geworden!«

Und wieder dachte Timur, die Geißel der Völker, lange nach, und schließlich sprach er: »Ich, der Knecht Gottes, Timur, sage euch folgendes! Dreihundert Reiter sollen sich sofort nach allen Enden meines Reiches begeben und den Sohn dieser Frau suchen. Sie aber soll hierbleiben, und ich will zusammen mit ihr warten. Und wer mir das Kind auf seinem Sattel herbringt, der wird sein Glück machen – so spricht Timur! Bist du zufrieden, Weib?«

Sie strich das schwarze Haar aus dem Gesicht, lächelte ihm zu und neigte ihr Haupt. »Ich bin es, o Herr!«

Da erhob sich der furchtbare Greis und verneigte sich stumm vor dem Weibe. Der heitere Dichter Kermani jedoch sprach wie ein Kind, voller Freude:

»Was ist schöner als ein Lied
von Blumen und Sternen?
Ein jeder wird gleich sagen:
ein Lied von der Liebe.
Was ist schöner als die Sonne
am klaren Mittag im Maien?
Und der Verliebte wird sagen:
sie, die ich liebe.

Oh, wie schön sind die Sterne
am Mitternachtshimmel – ich weiß es!
Auch die Sonne ist schön
am klaren Sommertag – ich weiß es!
Aber die Augen meines Liebchens
sind schöner als alle Blumen – ich weiß es!
Und ihr Lächeln ist lieblicher
als die Sonne – ich weiß es!

Aber nicht gesungen ward
das Lied der Lieder
von dem Ursprung dessen,
was hier lebt auf Erden.
Nicht besungen ward
das Herz des Weltalls,
das wir Menschen
unsre Mutter nennen.«

Und da sprach Timur-Lenk zu seinem Dichter: »So ist es, Kermani! Gott hat sich nicht geirrt, als er deinen Mund dazu ausersah, seine Weisheit zu künden!«

»Ach, Gott ist selbst ein guter Dichter!« sprach der trunkene Dichter Kermani.

Und das Weib lächelte, und es lächelten alle Könige und Fürsten, die Feldherren und alle Kinder, alle schauten sie an – die Mutter!

Das alles ist wahr, jedes Wort davon ist die Wahrheit; unsere Mütter wissen es, fragt sie nur, und sie werden euch sagen: »Ja, alles das ist ewige Wahrheit, wir sind stärker als der Tod, wir, die wir der Welt unablässig Dichter, Weise und Helden schenken, wir, die wir all das säen, dessen die Welt sich rühmt.«

Die Mutter einer Mißgeburt

Ein glühendheißer Tag, Stille; das Leben ist in heiterer Ruhe erstarrt, der Himmel blickt zärtlich auf die Erde herab, wie ein klares blaues Auge, in dem gleich einer feurigen Pupille die Sonne leuchtet.

Das Meer liegt glatt da, wie aus blauem Metall geschmiedet; die bunten Kähne der Fischer stehen unbeweglich, als wären sie in den Halbkreis der Bucht eingelötet, die wie der Himmel strahlt. Eine Möwe fliegt, träge mit den Flügeln schlagend, darüber hin. – Doch das Wasser zeigt einen anderen Vogel, der weißer und schöner ist als der in der Luft.

Im Dunst der schimmernden Ferne schwimmt – oder schmilzt, von der Sonne zum Glühen gebracht – eine violette Insel, ein einsamer Fels inmitten des Meeres, ein freundlicher, hellleuchtender Edelstein im Ring des Golfs von Neapel.

Das stufenförmige, steinige Ufer fällt zum Meer hinab, üppig und wellig im dunklen Laub der Weinstöcke, der Apfelsinen-, Zitronen- und Feigenbäume, im matten Silber der Olivenblätter.

Auf dieser steil ins Meer herabstürzenden grünen Flut lächeln freundlich die goldenen, roten und weißen Blüten, und die gelben und orangefarbenen Früchte erinnern an Sterne in einer warmen, mondlosen Nacht, wenn der Himmel dunkel und die Luft voller Feuchtigkeit ist.

Am Himmel, auf dem Meer und im Herzen – nichts als Stille; man möchte hören, wie alles Lebendige stumm die göttliche Sonne anbetet.

Zwischen den Gärten schlängelt sich ein Pfad dahin, eine hochgewachsene Frau steigt, sachte von Stein zu Stein gleitend, zum Meer herab, in einem schwarzen Kleid, auf dem die Sonne Flecken ausgebleicht hat und dem man es schon von weitem ansieht, daß es geflickt ist. Sie ist barhäuptig; ihr graues Haar, das ringelförmig auf die hohe Stirn, die Schläfen und die dunklen Wangen herabfällt, glänzt silbern, und es scheint, als ließe sich dieses Haar nie glattkämmen.

Ihr Gesicht wirkt streng und scharf; hat man es einmal gesehen, behält man es für immer im Gedächtnis: es ist etwas Klassisches in diesem hageren Gesicht, und wenn man den offenen, finsteren Blick ihrer Augen auf sich ruhen fühlt, denkt man unwillkürlich an die heißen Sandwüsten des Ostens, an Debora und an Judith.

Sie hält den Kopf über eine rote Häkelarbeit gebeugt; die stählerne Nadel glänzt in der Sonne, der Wollknäuel ist irgendwo im Kleid versteckt, aber es sieht aus, als käme der rote Faden aus dem Busen der Frau. Der Pfad ist steil und unberechenbar, man hört, wie die abbröckelnden Steine nach unten rollen, aber die ergraute Frau steigt so sicher herab, als fänden ihre Füße selbst den Weg.

Man erzählt sich folgendes von ihr: Sie ist Witwe, ihr Mann, ein Fischer, der kurz nach der Hochzeit aufs Meer hinausfuhr, um Fische zu fangen, kehrte nicht wieder und ließ sie allein zurück mit einem Kind unter dem Herzen.

Als das Kind geboren wurde, versteckte sie es vor den Leuten; nie ließ sie sich mit dem Söhnchen auf der Straße sehen, trug es nie in die Sonne hinaus, um mit ihm zu prahlen, wie das alle Mütter tun, sondern verbarg es im dunkelsten Winkel der Hütte, in Lumpen gehüllt, so daß lange Zeit hindurch keiner der Nachbarn wußte, wie das Neugeborene aussah – sie sahen nur den großen Kopf mit den riesigen starren Augen in dem gelben Gesicht. Sie bemerkten auch, daß die Mutter, einst ein gesundes, frisches Wesen, das tapfer und fröhlich gegen die Not angekämpft und auch andere ermutigt hatte, jetzt schweigsam und verschlossen war, immer über etwas nachdachte und alle mit einem sonderbar fragenden Blick durch einen Nebel von Trauer ansah.

Es dauerte jedoch nicht lange, bis sie den Grund ihres Kummers erfuhren: das Kind war eine Mißgeburt, deshalb verbarg sie es, darum war sie so niedergedrückt.

Die Nachbarn erklärten ihr, sie verständen natürlich, daß eine Frau sich schäme, Mutter einer Mißgeburt zu sein; niemand außer der Madonna wisse, ob sie zu Recht mit diesem grausamen Schicksal bestraft worden sei; indessen das Kind sei nicht schuld daran, und sie tue unrecht, es einzusperren.

Sie folgte dem Rat der Leute und zeigte ihnen den Sohn – seine Arme und Beine waren kurz wie die Flossen eines Fisches, der Kopf, eine riesige aufgedunsene Kugel, konnte sich kaum auf dem dünnen, schwachen Hals halten, und das Gesicht war faltig wie bei einem Greis. Die Augen blickten trübe, und der breite Mund war zu einem erstorbenen Lächeln verzerrt.

Die Frauen weinten, als sie das Kind sahen, während die Männer angewidert das Gesicht verzogen und sich finster entfernten; die Mutter der Mißgeburt saß auf der Erde, bald ihr Antlitz verbergend, bald die Anwesenden wortlos anblickend, als wollte sie nach etwas fragen, das niemand begriff.

Die Nachbarn fertigten für die Mißgeburt eine sargähnliche Kiste an, füllten sie mit Wollabfällen und Lumpen, setzten das Kind in dieses warme, weiche Nest und stellten den Kasten im Schatten auf den Hof. Sie hofften insgeheim, die Sonne, die täglich Wunder verrichtet, würde hier ein neues Wunder vollbringen.

Aber die Zeit verging, und die Mißgeburt blieb sich immer gleich: ein riesiger Kopf und ein langer Leib mit vier kraftlosen Anhängseln; nur das Lächeln nahm immer mehr den Ausdruck unersättlicher Gier an, und der Mund füllte sich mit zwei Reihen spitzer, schiefer Zähne. Die kurzen Tatzen lernten allmählich, nach den Brotstücken zu greifen und sie, fast ohne zu fehlen, in den großen, heißen Mund zu stopfen.

Das mißgestaltete Geschöpf war stumm; wenn aber irgendwo in der Nähe gegessen wurde und es die Speisen roch, dann brüllte es dumpf; es öffnete den Rachen, schüttelte den schweren Kopf, und das trübe Weiß seiner Augen bedeckte sich mit einem Netz roter Äderchen.

Es aß viel, und mit jedem Tag mehr; ununterbrochen hörte man sein Gebrüll; die Mutter arbeitete unermüdlich, aber meist gegen geringen Lohn, zuweilen fiel er auch ganz aus. Sie klagte nicht und nahm nur ungern – stets wortlos – die Hilfe der Nachbarn an. War sie jedoch nicht zu Hause, so kamen die Nachbarn, durch das Gebrüll gereizt, in den Hof gelaufen und stopften Brotkrusten, Gemüse, Früchte und alles, was überhaupt genießbar war, in den unersättlichen Rachen.

»Bald wird er dich kahlgefressen haben!« sagten die Leute zu ihr. »Weshalb bringst du ihn nicht in irgendeinem Asyl oder Spital unter?«

»Ich habe ihn geboren und muß auch für ihn sorgen«, entgegnete sie finster.

Sie war schön, und mehr als ein Mann versuchte, sich ihre Zuneigung zu erringen, ohne daß auch nur einer Erfolg gehabt hätte. Zu einem, der ihr mehr als die anderen gefiel, sagte sie: »Ich kann nicht deine Frau sein, ich fürchte, ich bringe dann noch eine Mißgeburt zur Welt, das würde beschämend für dich sein. Nein, geh lieber!«

Der Mann wollte sie umstimmen; er erinnerte sie an die Madonna, die gerecht gegen die Mütter sei und sie als ihre Schwestern ansehe. Aber die Mutter der Mißgeburt entgegnete ihm: »Ich weiß nicht, worin meine Schuld besteht, und doch bin ich so hart bestraft worden.«

Er flehte sie an, er weinte und wütete, sie aber

sprach: »Woran man nicht glaubt, das darf man nicht tun. Geh!«

Und er zog weit fort – für immer.

Jahre um Jahre stopfte sie den ewig kauenden, bodenlosen Rachen, der die Früchte ihrer Arbeit, ihr Blut und ihr Leben verschlang. Der Kopf des Ungeheuers wurde immer größer und furchtbarer, er glich einer Kugel, die träge hin und her schwankt und jederzeit bereit ist, sich von dem kraftlosen dünnen Hals loszureißen und, gegen die Ecken der Häuser stoßend, davonzurollen.

Jeder, der einen Blick in den Hof warf, blieb unwillkürlich und erschrocken stehen und konnte nicht begreifen, was er vor sich sah. An einer von Wein berankten Mauer, auf Steinen, stand wie auf einem Opferaltar ein Kasten, aus dem dieser Kopf hervorragte; grell von dem grünen Hintergrund des Laubes abstechend, zog das gelbe, faltige und grobknochige Gesicht die Blicke aller Vorübergehenden auf sich; die stumpfen Augen, die aus ihren Höhlen hervorzukriechen schienen und einem noch lange im Gedächtnis haftenblieben, waren weit aufgerissen, die breite, platte Nase zuckte, die unmäßig entwickelten Backenknochen und Kiefer bewegten sich hin und her, die welken bebenden Lippen ließen zwei Reihen raubtierartiger Zähne sehen, und die großen, lauernden, tierischen Ohren standen nach beiden Seiten ab, als führten sie ein Leben für sich; auf diese Maske nun fiel ein dichter Schopf schwarzer Haare herab, die sich kräuselten wie die Haare eines Negers.

Das Ungeheuer hielt immer etwas Eßbares in den kurzen eidechsenhaften Händchen, es senkte den Kopf wie ein pickender Vogel und schnalzte und schnaufte laut, während es seine Nahrung verschlang. War es satt, fletschte es die Zähne und starrte die Leute an, während sich seine Augen so zum Nasenbein hin verdrehten, daß sie auf dem halbtoten Gesicht, das wie in Agonie zuckte, zu einem trüben, gähnenden Fleck verschmolzen. War es hungrig, streckte es den Hals vor, sperrte den roten Rachen weit auf, bewegte die dünne Schlangenzunge hin und her und brüllte ungeduldig.

Die Leute entfernten sich, Gebete murmelnd und das Kreuz schlagend; sie erinnerten sich an alles Böse, das ihnen widerfahren war, an alles Unglück, das sie im Leben durchgemacht hatten.

Der alte Schmied, ein Mann von düsterem Gemüt, sagte oft: »Wenn ich diesen alles verschlingenden Rachen sehe, denke ich bei mir, daß ein ähnliches Ungeheuer meine Kraft verschlungen hat; es scheint mir dann, wir alle leben und sterben um der Parasiten willen.«

Bei allen Leuten erregte dieser stumme Kopf traurige Gedanken und herzbeklemmende Empfindungen.

Die Mutter der Mißgeburt schwieg und lauschte den Worten der Menschen; ihr Haar wurde schnell grau, und das Gesicht bedeckte sich mit Falten; schon lange hatte sie das Lachen verlernt. Die Leute wußten, daß sie nächtelang unbeweglich in der Tür stand und zum Himmel schaute, als erwartete sie etwas. Sie sagten zueinander: »Worauf wartet sie?«

»Trage ihn auf den Platz vor der alten Kirche!« rieten ihr die Nachbarn. »Dort kommen Ausländer vorüber, die es sicherlich nicht versäumen werden, ihm täglich ein paar Kupfermünzen hinzuwerfen.«

Die Mutter fuhr erschrocken zusammen.

»Es wäre furchtbar, wenn Menschen aus anderen Ländern ihn zu sehen bekämen. Was sollen sie von uns denken?«

»Überall gibt es Armut«, entgegnete man ihr, »das wissen die Leute!«

Sie schüttelte abweisend den Kopf.

Aber die Ausländer, von Langeweile getrieben, kamen überallhin, sie schauten in alle Höfe und natürlich auch in ihren; sie war zu Hause, sah die Grimassen des Ekels und des Abscheus auf den satten Gesichtern dieser müßigen Leute, sie hörte, wie sie mit schiefem Mund und zusammengekniffenen Augen über ihren Sohn sprachen. Besonders tief trafen sie einige verächtlich, feindselig und mit spürbarem Triumph ausgesprochene Worte.

Sie prägte sich diese fremden Laute ein; viele Male wiederholte sie für sich die Worte, in denen sie als Italienerin und als Mutter einen kränkenden Sinn witterte, und noch am selben Tag ging sie zu einem bekannten Kommissionär und fragte ihn, was diese Worte bedeuteten.

»Es kommt darauf an, wer sie gesprochen hat!« entgegnete er finster. »Diese Worte bedeuten: Die Italiener sterben eher aus als alle romanischen Rassen… Wo hast du diese Lüge gehört?«

Sie entfernte sich, ohne ihm zu antworten.

Am folgenden Tag überaß sich ihr Sohn, bekam Krämpfe und starb.

Sie saß auf dem Hof neben dem Kasten, die Hand auf dem Kopf des Sohnes, und wartete ruhig, und jedem, der zu ihr kam, um den Verstorbenen zu sehen, blickte sie fragend ins Gesicht.

Alle schwiegen, niemand richtete eine Frage an sie, obgleich vielleicht viele sie gern beglückwünschen wollten, denn sie war von ihrem Sklavendasein erlöst, sie trösten wollten, denn sie hatte ihren Sohn verloren. Aber alle schwiegen. Mitunter begreifen die Menschen, daß man nicht alles aussprechen darf.

Noch lange danach schaute sie die Leute an, als hätte sie etwas zu fragen; dann aber wurde sie ein ebenso einfacher Mensch wie die andern.

Die Mutter des Verräters

Von Müttern kann man endlos erzählen.

Schon einige Wochen war die Stadt von dem engen Ring der von Waffen starrenden Feinde umschlossen; in der Nacht wurden Feldfeuer angezündet, die aus der schwarzen Finsternis unzähligen roten Augen gleich auf die Mauern der Stadt blickten; sie loderten schadenfroh, und dieses lauernde Brennen weckte finstere Gedanken in der belagerten Stadt.

Von der Stadtmauer aus sah man, wie sich die Schlinge der Belagerer immer fester zusammenzog, wie bei den Feldfeuern die dunklen Schatten der Feinde auftauchten, man hörte das Wiehern der satten Rosse, das Klirren der Waffen, das laute Lachen und den fröhlichen Gesang siegesgewisser Menschen, und was ist schmerzlicher, als das Lachen und Singen des Feindes zu hören?

In alle Bäche, die die Stadt mit Wasser speisten, hatten die Feinde Leichen geworfen; sie hatten die Weinberge vor der Stadtmauer niedergebrannt, die Felder zertreten, die Gärten zerstört – die Stadt lag von allen Seiten offen da, und es verging kaum ein Tag, an dem sie nicht von den feindlichen Kanonen und Musketen mit einem Eisen- und Bleihagel überschüttet wurde.

Durch die engen Straßen der Stadt marschierten finster die kampfesmüden, halbverhungerten Soldaten; aus den Fenstern der Häuser schallten das Stöhnen der Verwundeten, die Schreie der Fiebernden, die Gebete der Frauen und das Weinen der Kinder. Man unterhielt sich halblaut und bedrückt, und oft unterbrach der eine den andern mitten im Wort, angestrengt lauschend, ob der Feind nicht zum Sturme blies.

Besonders unerträglich wurde das Leben am Abend, wenn in der Stille das Stöhnen und Jammern lauter und vielfältiger wurde, wenn aus den fernen Gebirgsschluchten schwarzblaue Schatten hervorkrochen, das feindliche Lager umhüllten und sich zu den halbzerstörten Stadtmauern hinbewegten, während der Mond wie ein verlorener, von Schwerthieben verbeulter Schild über den schwarzen Gebirgszacken emporstieg.

Ohne Aussicht auf Hilfe, geschwächt von Mühsal und Hunger und von Tag zu Tag hoffnungsloser, blickten die Belagerten angsterfüllt auf diesen Mond, auf die spitzen Gebirgszacken, die schwarzen Rachen der Schluchten und das lärmende Lager der Feinde – alles erinnerte sie an den Tod, und kein Stern tröstete sie mit seinem Leuchten.

In den Häusern fürchtete man sich, Licht zu machen, Finsternis hüllte die Straßen ein, und durch diese Finsternis huschte lautlos, gleich einem Fisch auf dem Grund des Flusses, ein Weib, den Kopf in ein dunkles Tuch gehüllt.

Die Leute, die sie erblickten, fragten einander: »Ist sie es?«

»Ja, sie ist es!«

Man versteckte sich in den Torwegen oder eilte gesenkten Hauptes an ihr vorüber. Die Patrouillenführer aber warnten sie mit strenger Stimme:

»Ihr seid wieder auf der Straße, Donna Marianna! Seht Euch vor, man könnte Euch niederstechen, und niemand würde nach dem Schuldigen suchen...«

Sie richtete sich auf und wartete, aber die Patrouille zog vorüber, ohne daß sich jemand entschlossen oder es trotz seines Abscheus fertiggebracht hätte, die Hand gegen sie zu erheben; die bewaffneten Leute wichen ihr wie einem Leichnam aus, sie aber blieb im Dunkeln und wanderte still und einsam weiter durch die Straßen der Stadt, stumm und finster, wie die Verkörperung des Unheils, das die Stadt betroffen hatte; ringsum aber drangen gleich Verfolgern traurige Töne auf sie ein: Stöhnen, Jammern, Gebete und die finsteren Gespräche der Soldaten, die jede Hoffnung auf den Sieg verloren hatten.

Als Mutter dachte sie an den Sohn, als Bürgerin an die Heimat. An der Spitze der Männer, die die Stadt belagerten, stand ihr Sohn, ein schöner, fröhlicher und erbarmungsloser Jüngling; noch unlängst hatte sie mit Stolz auf ihn geblickt, ihn als ihr kostbares Geschenk für die Heimat betrachtet, als segenspendende Kraft, von ihr geboren, damit er eine Stütze sei für die Menschen der Stadt, der Heimatstadt, in der sie selbst geboren war, ihn zur Welt gebracht und großgezogen hatte. Hundert unzerreißbare Bande verknüpften ihr Herz mit den uralten Steinen, aus denen ihre Vorfahren die Häuser und die Mauern der Stadt errichtet hatten, mit dem Erdboden, wo die Gebeine ihrer Verwandten lagen, mit den Legenden, Liedern und Hoffnungen der Menschen, und dieses Herz hatte den liebsten Menschen verloren und war voll Bitterkeit. Es glich einer Waage, doch als sie die Liebe zum Sohne und die Liebe zur Stadt gegeneinander abwog, vermochte sie nicht zu entscheiden, was schwerer und was leichter war.

So wanderte sie Nacht für Nacht durch die Straßen, und viele Leute, die sie nicht erkannten, erschraken, denn sie hielten die schwarze Gestalt für die Verkörperung des Todes, der sie alle bedrohte; erkannten sie jedoch die Mutter des Verräters, so wandten sie sich stumm von ihr ab.

Einmal traf sie in einem dunklen Winkel an der Stadtmauer mit einer anderen Frau zusammen: unbeweglich, wie aus Stein gehauen, kniete diese betend vor einem Leichnam, das leidvolle Antlitz zu den Sternen emporgerichtet; über ihr, auf der Mauer, sprachen die Wachtposten miteinander, und die Waffen stießen leise klirrend gegen die Zinnen.

Die Mutter des Verräters fragte: »Dein Mann?«

»Nein.«

»Dein Bruder?«

»Mein Sohn. Meinen Mann haben sie vor dreizehn Tagen getötet und diesen hier – heute!«

Die Mutter des Gefallenen erhob sich vom Erdboden und sagte demütig: »Die Madonna sieht und weiß alles, und ich danke ihr!«

»Wofür?« fragte die erste.

»Jetzt, wo er ehrenvoll gefallen ist, im Kampf um die Heimat, kann ich sagen, daß ich Angst hatte um ihn: er war leichtsinnig und führte allzugern ein lustiges Leben, und es war zu befürchten, er könnte deswegen die Stadt verraten wie Mariannas Sohn, der Feind Gottes und der Menschen, der Anführer unserer Feinde; verflucht sei er und verflucht der Schoß, der ihn getragen!...«

Marianna verhüllte ihr Gesicht und wandte sich ab. Am nächsten Morgen jedoch erschien sie vor den Verteidigern der Stadt und sprach: »Entweder tötet mich, weil mein Sohn euer Feind wurde, oder öffnet mir das Tor, ich werde zu ihm gehen...«

Man entgegnete ihr: »Du bist ein Mensch, und die Heimat muß dir teuer sein; dein Sohn ist ebensosehr dein Feind wie unserer.«

»Ich bin seine Mutter, ich liebe ihn und fühle mich schuldig, daß er so geworden ist.«

Da berieten sie, was sie mit ihr tun sollten, und erklärten: »Unsere Ehre verbietet es uns, dich um der Schuld deines Sohnes willen zu töten; wir wissen, du konntest ihm diese furchtbare Sünde nicht eingeben, und wir begreifen, wie sehr du leidest. Aber die Stadt braucht dich auch als Geisel nicht. Dein Sohn kümmert sich nicht um dich, wir glauben sogar, dieser Teufel hat dich vergessen;

und das sei deine Strafe, wenn du eine solche verdient zu haben meinst! Das erscheint uns furchtbarer als der Tod!«

»Ja!« sprach sie. »Das ist furchtbarer!«

Sie öffneten ihr das Tor und blickten ihr lange von der Stadtmauer aus nach, wie sie über die heimatliche Erde schritt, die ihr Sohn reichlich mit Blut getränkt hatte; sie schritt langsam dahin, ihre Füße mühsam von diesem Boden lösend, sie verneigte sich vor den Leichnamen der Verteidiger der Stadt und stieß haßerfüllt mit dem Fuß die zerbrochenen Waffen weg, denn Mütter hassen die Waffen der Angreifer und segnen nur solche, die das Leben schützen.

Sie schien unter dem Mantel einen bis zum Rand gefüllten Kelch zu tragen und sich zu fürchten, daß der Inhalt verschüttet werde; je weiter sie sich entfernte, desto kleiner wurde sie, und den Leuten, die ihr von der Stadtmauer aus nachblickten, war es, als verließen zusammen mit ihr Mutlosigkeit und Verzweiflung die Stadt.

Sie sahen, wie sie auf halbem Weg stehenblieb, die Kapuze zurückschlug und lange nach der Stadt zurückblickte. Inzwischen hatte man sie vom feindlichen Lager aus auf dem freien Feld bemerkt, und nun näherten sich ihr langsam und vorsichtig ein paar schwarze Gestalten.

Sie gingen auf sie zu und fragten sie, wer sie sei und wohin sie wolle.

»Euer Anführer ist mein Sohn!« sagte sie, und keiner von den Soldaten zweifelte daran. Sie gingen neben ihr her und priesen die Klugheit und Tapferkeit ihres Sohnes. Sie hörte ihnen mit stolz erhobenem Haupt zu und wunderte sich nicht – ihr Sohn konnte nicht anders sein!

Und da war nun der Mann, den sie bereits neun Monate vor seiner Geburt gekannt und den sie nie aus ihrem Herzen verbannt hatte. Er stand vor ihr, in Samt und

Seide, und an seinen Waffen funkelten kostbare Edelsteine. Alles war, wie es sein mußte; genauso hatte sie ihn viele Male im Traum gesehen – reich, berühmt und von allen geliebt.

»Mutter!« sagte er und küßte ihre Hände. »Du bist zu mir gekommen, du hast mich also verstanden. Morgen will ich diese verfluchte Stadt einnehmen.«

»In der du geboren bist«, erinnerte sie ihn.

Berauscht von seinen Erfolgen und wahnsinnig vor Gier nach noch größerem Ruhm, erwiderte er mit der ganzen zügellosen Kühnheit der Jugend: »Ich bin in der Welt und für die Welt geboren, um sie in Erstaunen zu setzen! Um deinetwillen habe ich diese Stadt geschont, sie ist wie ein Dorn in meinem Fuß und hindert mich, den Weg zum Ruhm so geschwind zu durchmessen, wie ich es wünsche. Doch nun werde ich morgen dieses eigensinnige Nest zerstören!«

»Wo jeder Stein dich kennt und dich an deine Kindheit erinnert«, sagte sie.

»Die Steine sind stumm, wenn der Mensch sie nicht zum Sprechen bringt. Mögen die Berge von mir erzählen, das ist mein Wille!«

»Aber die Menschen?« fragte sie.

»O Mutter, die habe ich nicht vergessen. Auch ihrer bedarf ich, denn nur im Gedächtnis der Menschen erringen die Helden ihre Unsterblichkeit.«

»Ein Held ist der«, sprach sie, »der im Kampf mit dem Tode neues Leben hervorbringt, der den Tod besiegt...«

»Nein!« widersprach er. »Die Zerstörer der Städte sind ebenso berühmt wie ihre Begründer. Sieh – wir wissen nicht, ob Äneas oder Romulus Rom gegründet hat, aber genau bekannt ist der Name Alarich und der Name anderer Helden, die diese Stadt zerstört haben...«

»Die alle Namen überdauert hat«, mahnte die Mutter.

So sprach er mit ihr bis zum Sonnenuntergang, sie unterbrach seine wahnsinnigen Reden immer seltener und senkte das stolze Haupt immer tiefer auf die Brust.

Eine Mutter ist schöpferisch, sie behütet, und in ihrer Gegenwart von Zerstörung sprechen heißt gegen sie sprechen, aber er wußte das nicht und verleugnete den Sinn ihres Lebens.

Eine Mutter ist immer gegen den Tod, und die Hand, die den Tod in die Häuser der Menschen hineinträgt, ist allen Müttern verhaßt und feindlich. Ihr Sohn sah das nicht, er war geblendet von dem kalten, herztötenden Glanz des Ruhms.

Er wußte auch nicht, daß eine Mutter ein ebenso kluges wie erbarmungsloses und furchtloses Tier sein kann, wenn es sich um das Leben handelt, das sie, die Mutter, schafft und behütet.

Sie saß zusammengesunken da und blickte durch die zurückgeschlagene Leinwand des reichgeschmückten Feldherrnzelts nach der Stadt, wo sie zum erstenmal die süßen Schauer der Empfängnis, die schmerzlichen Wehen der Geburt verspürt hatte – bei der Geburt des Kindes, das nun das Zerstörungswerk vollbringen wollte.

Die purpurnen Strahlen der Sonne färbten die Mauern und Türme der Stadt blutrot, die Fensterscheiben funkelten unheilverkündend, die ganze Stadt schien verwundet, und das Blut floß aus Hunderten von Wunden; nach einer Weile wurde die Stadt dunkel wie ein Leichnam, und Totenkerzen gleich flammten über ihr die Sterne auf.

Sie sah die dunklen Häuser vor sich, wo man sich fürchtete, Licht zu machen, um nicht die Aufmerksamkeit der Feinde auf sich zu lenken, die finsteren Straßen, die von dem Leichengeruch und dem gedämpften Flüstern der den Tod erwartenden Menschen angefüllt waren – sie sah alles vor sich, alles, was ihr lieb und vertraut war, stand greifbar nahe, stumm ihrer Entscheidung harrend, und sie fühlte sich als die Mutter aller Menschen in dieser Stadt.

Von den schwarzen Gipfeln der Berge senkten sich Wolken herab und stürmten gleich geflügelten Rossen der todgeweihten Stadt entgegen.

»Vielleicht werden wir sie noch in dieser Nacht überfallen«, sagte der Sohn. »Wenn die Nacht nur dunkel genug ist! Denn das Töten fällt schwer, wenn die Sonne leuchtet und der Glanz der Waffen die Augen blendet, dann gehen viele Stöße fehl!« So sprach er und betrachtete sein Schwert.

»Komm her zu mir«, sagte die Mutter, »lehne den Kopf an meine Brust und ruhe dich aus. Entsinnst du dich, wie gut und fröhlich du als Kind warst und wie alle dich liebhatten?...«

Er gehorchte, kniete vor ihr nieder und schloß die Augen.

»Ich liebe nur den Ruhm und dich, weil du mich geboren hast, wie ich bin!«

»Und die Frauen?« fragte sie, über ihn gebeugt.

»Es gibt ihrer viele, und man hat sie schnell satt, wie alles, was zu süß ist.«

Sie fragte ihn zum letztenmal: »Und du wünschst dir keine Kinder?«

»Wozu? Damit man sie mir tötet? Irgend jemand, der mir gleicht, wird sie töten, und mir würde das sehr weh tun, aber ich würde dann sicherlich schon zu alt und zu schwach sein, um sie zu rächen.«

»Du bist schön, doch unfruchtbar wie der Blitz«, sprach sie aufseufzend.

Er lächelte und antwortete: »Ja, wie der Blitz...«

Und er schlummerte ein wie ein Kind an der Brust der Mutter.

Da deckte sie ihn mit ihrem schwarzen Mantel zu und stieß ihm den Dolch ins Herz, er zuckte zusammen und war sofort tot – die Mutter wußte zu gut, wo das Herz ihres Sohnes schlug. Sie stieß den Leichnam von ihren

Knien, ließ ihn zu Füßen der fassungslosen Wache niedersinken und sprach, zur Stadt gewandt: »Als Mensch habe ich alles für die Heimat getan, was ich konnte, als Mutter aber bleibe ich mit meinem Sohn vereint! Es ist zu spät für mich, einen anderen zu gebären, und niemandem sonst ist mein Leben nütze.«

Und sie stieß sich den Dolch, der noch warm war vom Blut des Sohnes – von ihrem Blut –, mit fester Hand in die Brust, und sie traf auch sicher ihr Herz – denn wenn es schmerzt, trifft man es leicht.

Der Vater

Die Zikaden zirpen.

Tausend Metallsaiten scheinen sich durch das dichte Olivenlaub hinzuziehen; der Wind wiegt die harten Blätter, sie berühren die Saiten, und diese leichten, unablässigen Berührungen füllen die Luft mit warmen, betäubenden Klängen. Das ist noch keine Musik, aber man meint, unsichtbare Hände stimmten Hunderte verborgener Harfen, und man wartet die ganze Zeit voll Spannung, daß Schweigen eintritt und danach ein gewaltiger Hymnus an die Sonne, den Himmel und das Meer ertönt.

Ein Wind weht, die Bäume schwanken, und es sieht aus, als würden sie, ihre Wipfel schüttelnd, den Abhang zum Meer hinabsteigen. An die Uferfelsen schlagen dumpf und gleichmäßig die Wellen; das Meer ist über und über mit lebendigen, weißen Punkten besät, als hätten sich zahllose Vogelschwärme auf die blaue Fläche niedergelassen; sie schwimmen alle in eine Richtung, verschwinden, in die Tiefe tauchend, erscheinen von neuem und singen kaum hörbar. Am Horizont, gleichfalls grauen Vögeln ähnlich, schaukeln mit gehißten dreiteiligen Segeln zwei Schiffe, die jene weißen Punkte hinter sich herzuziehen scheinen; das alles ist weit vom wirklichen Leben entfernt, es erinnert eher an einen längst vergangenen, fast vergessenen Traum.

»Die Nacht wird stürmisch werden!« sagt ein alter Fischer, der im Schatten der Felsen auf dem schmalen, von knirschendem Geröll bedeckten Strand sitzt.

Die Brandung hat an das felsige Ufer Büschel wohlriechenden Seetangs geworfen, roten, goldglänzenden und grünen; der Tang verdorrt in der Sonne und auf den heißen

Steinen, die salzige Luft ist von herbem Jodgeruch erfüllt. Krause Wellen hüpfen eine nach der anderen auf den Strand.

Der alte Fischer sieht einem Vogel ähnlich: ein kleines, verschrumpftes Gesicht, eine gebogene Nase, runde offenbar sehr scharfe Augen, die kaum in den dunklen Hautfalten zu erkennen sind, und verkrümmte, trockene, fast unbewegliche Finger.

»Vor einem halben Jahrhundert, Signore«, sagt der Alte, und seine Stimme klingt wie das Rauschen der Wellen und der Gesang der Zikaden, »da war einmal ein ebenso heiterer Tag, an dem alles lachte und sang. Mein Vater war vierzig, ich sechzehn Jahre alt, und ich war verliebt – das ist unvermeidlich, wenn man sechzehn Jahre ist und die Sonne scheint.

›Komm, laß uns Perzonen fischen gehen, Guido‹, sagte der Vater. Perzonen, Signore, das sind sehr feine, schmackhafte Fische mit rosafarbenen Flossen, man nennt sie auch Korallenfische, weil sie tief unten bei den Korallen zu finden sind. Man wirft den Anker aus, fängt sie mit einer kleinen Angel und einem schweren Senkblei. Ein schöner Fisch.

Wir fuhren hinaus und erwarteten nichts weiter als einen guten Fang. Mein Vater war ein kräftiger Mann, ein erfahrener Fischer, aber kurz zuvor hatte er gekränkelt: die Brust hatte ihm geschmerzt, und die Finger waren von Rheumatismus gekrümmt – die gewöhnliche Krankheit der Fischer.

Das ist ein ganz schlauer und heimtückischer Wind, dieser Wind da, der jetzt so freundlich vom Ufer her weht, als wollte er uns sanft aufs Meer hinaustreiben; dort draußen schleicht er sich hinterrücks heran und stürzt sich plötzlich auf einen, als hätte man ihn beleidigt. Im Nu ist die Barke losgerissen und fliegt, zuweilen kieloben, im Wind dahin, und Sie schwimmen im Wasser. Das ist Sache eines Augenblicks, Sie haben nicht einmal Zeit, zu fluchen oder an Gott zu denken, da sind Sie schon vom Strudel erfaßt und werden von der Strömung fortgetrieben. Ein Räuber ist ehrlicher als dieser Wind. Übrigens sind die Menschen immer ehrlicher als die Naturgewalten.

Ja, dieser Wind stürzte sich vier Kilometer vom Ufer entfernt auf uns, nicht weit vom Strand, wie Sie sehen; er fiel plötzlich über uns her wie ein Lump und Feigling.

›Guido‹, rief mein Vater und griff mit seinen verkrümmten Händen nach den Rudern. ›Halt dich fest, Guido! Schnell den Anker!‹

Aber noch während ich den Anker losmachte, erhielt der Vater mit dem Ruder einen Stoß vor die Brust – das Ruder war ihm aus der Hand gerissen worden –, und er stürzte bewußtlos zu Boden. Ich kam nicht dazu, ihm zu helfen, wir konnten jeden Augenblick kentern. Am Anfang ging alles schnell: als ich mich an die Ruder setzte, waren wir schon weit hinausgetrieben und von kochendem Gischt umgeben; der Wind fegte über die Wellenkämme und bespritzte uns mit Wasser – genau wie ein Priester, nur noch eifriger und keineswegs, um uns von unsern Sünden reinzuwaschen.

›Die Sache ist ernst, mein Sohn!‹ sagte mein Vater, der zu sich gekommen war, mit einem Blick nach dem Ufer. ›Das wird lange anhalten, mein Lieber.‹

Wenn man jung ist, glaubt man nur ungern an die Gefahr; ich versuchte zu rudern und tat alles, was in einem gefährlichen Moment auf dem Meer getan werden muß, wenn dieser Wind – der Odem des Teufels – einem freundlich tausend Gräber schaufelt und kostenlos das Requiem singt.

›Sitz ruhig, Guido‹, sagte mein Vater mit einem kurzen Lächeln und schüttelte sich die Wassertropfen vom Kopf. ›Was nützt es, das Meer mit Streichhölzern aufzuwühlen? Spare deine Kraft, sonst wird man zu Hause vergebens auf dich warten.‹

Die grünen Wellen schleuderten unser kleines Boot in die Höhe wie einen Kinderball, sie schauten über die Bordwand, stiegen hoch über uns empor, brüllten und tobten; wir sausten in tiefe Abgründe oder wurden auf weiße Wellenkämme gehoben; inzwischen entschwand das Ufer immer mehr unseren Blicken und schien genau wie unsere Barke auf und ab zu tanzen.

Da sagte mein Vater zu mir. ›Du wirst vielleicht an Land zurückkehren, ich nicht! Höre nun zu, was ich dir jetzt über die Fische und über die Arbeit sagen werde…‹

Und er begann mir alles zu erzählen, was ihm von den Gewohnheiten dieser und jener Fische bekannt war – wo, wann und wie man sie am besten fangen kann.

›Vielleicht sollten wir lieber beten, Vater?‹ schlug ich vor, als ich sah, daß es schlimm um uns stand: wir glichen zwei Kaninchen inmitten einer Schar weißer Hunde, die rings um uns ihre Zähne fletschten.

›Gott sieht alles!‹ sagte er. ›Ihm ist bekannt, daß hier Menschen, die für die Erde geschaffen sind, auf dem Meer zugrunde gehen und daß der eine von ihnen, der keine Hoffnung auf Rettung mehr hat, dem Sohn mitteilen muß, was er weiß. Die Erde und die Menschen brauchen Arbeit und keine Gebete, Gott versteht das…‹

Nachdem der Vater mir alles erzählt hatte, was er von der Arbeit wußte, sprach er davon, wie man unter den Menschen leben soll.

›Ist denn jetzt Zeit, mir Ratschläge zu geben?‹ fragte ich. ›An Land hast du das nie getan!‹

›An Land fühlte ich den Tod nicht so nahe.‹

Der Sturm heulte wie ein Tier, die Wellen tosten – der Vater mußte schreien, damit ich ihn verstehen konnte.

›Verhalte dich stets so, als wäre niemand besser und auch niemand schlechter als du – das ist das Rechte! Der Adlige und der Fischer, der Priester und der Soldat – alle bilden einen einzigen Leib, und du bist ein ebenso notwendiges Glied davon wie die anderen. Tritt nie an einen Menschen mit dem Gedanken heran, es sei in ihm mehr Schlechtes als Gutes, denke stets, das Gute in ihm ist stärker – so wird es auch sein. Die Menschen geben einem immer das, was man von ihnen verlangt.‹

Das alles sagte er natürlich nicht in einem Zuge, sondern so, wissen Sie, wie ein Kommando: die Wellen warfen uns hin und her, bald hinauf, bald hinunter; durch das Brausen des Meeres hörte ich diese Worte. Vieles trug der Wind davon, ehe es an mein Ohr gelangte, vieles konnte ich nicht verstehen – man ist nicht zum Lernen aufgelegt, Signore, wenn einem jeden Augenblick das Ende droht! Ich fürchtete mich, denn zum erstenmal sah ich das Meer in solchem Aufruhr und fühlte mich so ohnmächtig ihm gegenüber. Und ich kann nicht sagen, ob es damals oder später war – jedesmal, wenn ich an diese Stunden zurückdachte, überkam mich dieses Gefühl, das bis zum heutigen Tag in meinem Herzen lebendig ist.

Wie heute sehe ich den Vater vor mir: er sitzt auf dem Boden der Barke, hat die Arme ausgebreitet und klammert sich mit den kranken Händen an den Rand des Bootes – sein Hut ist fortgespült; von links, von rechts, von vorn und von hinten stürzen die Brecher über seinen Kopf und seine Schultern; er schüttelt das Wasser vom Kopf ab, schnauft und ruft mir von Zeit zu Zeit etwas zu. Er war ganz zusammengeschrumpft vor Nässe, während die Augen vor Furcht oder vielleicht auch vor Schmerz weit geöffnet waren. Ich glaube, es war vor Schmerz.

›Hörst du mich?‹ schrie er. ›He, hörst du mich?‹

Ab und zu antwortete ich: ›Ja!‹

›Denke daran – alles Gute kommt vom Menschen.‹

›Sicher!‹ antwortete ich.

Nie hatte er an Land so mit mir gesprochen. Er war heiter und gutmütig gewesen, es war mir aber so vorgekommen, als betrachtete er mich mit Spott und Mißtrauen und als sei ich für ihn noch ein Kind. Manchmal hatte mich das verletzt – die Jugend ist sehr selbstbewußt.

Seine Worte beruhigten mich sicherlich, deshalb habe ich alles so genau in Erinnerung.«

Der alte Fischer schweigt, blickt auf das gräulichweiße Meer hinaus, lächelt und sagt, mit den Augen zwinkernd: »Ich habe genug von den Menschen gesehen, Signore, und weiß, daß Erinnern und Verstehen dasselbe ist, und je mehr man versteht, um so mehr Gutes findet man – es ist schon so, glauben Sie mir!

Ja, so ist es – ich sehe noch sein feuchtes, mir teures Gesicht und die großen Augen vor mir, die mich so ernst und liebevoll anblickten, daß ich damals wußte – ich werde an diesem Tag nicht umkommen. Ich fürchtete mich, aber ich wußte, ich würde nicht umkommen.

Wir kenterten natürlich. Und so befanden wir uns beide in der aufgewühlten See, in dem Gischt, der das Sehen unmöglich machte. Die Wellen schleuderten uns hin und her und warfen uns gegen den Kiel des Bootes. Wir hatten schon vorher alles Bewegliche an die Ruderbänke gebunden und hielten uns an den Tauenden fest; solange unsere Kraft reichte, konnten wir nicht von dem Boot weggerissen werden, aber es war schwer, sich über Wasser zu halten. Einige Male wurden er oder ich auf den Kiel geschleudert, aber sofort wieder heruntergespült. Das schlimmste dabei ist, daß einem schwindelig wird, man hört nichts und sieht nichts – das Wasser dringt einem in Augen und Ohren, und man schluckt sehr viel davon.

Das zog sich lange hin, etwa sieben Stunden, dann schlug der Wind plötzlich um, blies nach dem Ufer hin und trieb uns dem Land zu. Voller Freude schrie ich: ›Halt dich fest!‹

Auch er schrie mir etwas zu, ich verstand aber nur die Worte: ›Es zerschellt...‹

Er dachte an die Klippen; die waren noch weit, und ich

glaubte ihm nicht. Aber er wußte es besser. Wir flogen zwischen den Wasserbergen dahin, an unsere Nährmutter festgesaugt wie Schnecken, tüchtig zerschlagen und aller Kraft und der Sprache beraubt. Das dauerte lange; als aber die dunklen Uferfelsen sichtbar wurden, spielte sich alles mit unbeschreiblicher Schnelligkeit ab. Sie schwankten, kamen immer näher, neigten sich über das Wasser, bereit, auf unsere Köpfe herabzustürzen; eins, zwei – wir werden von den weißen Wellen hochgeschleudert, unsere Barke knirscht wie eine zertretene Nußschale, ich werde von ihr weggerissen, sehe die zackigen schwarzen Felsenriffe mit ihren messerscharfen Graten, erblicke den Kopf des Vaters erst hoch über mir und dann über diesen Teufelskrallen. Zwei Stunden später etwa fand man ihn mit gebrochenem Rückgrat und zerschmettertem Schädel. Die Wunde am Kopf war fürchterlich, ein Teil des Gehirns war fortgespült, ich entsinne mich aber der rotgeäderten grauen Stückchen in der Wunde, die wie Marmor oder blutiger Schaum aussahen. Er war entsetzlich zugerichtet, über und über mit Wunden bedeckt, aber das Antlitz war rein und ruhig und die Augen fest und wohl geschlossen.

Und ich? Ja, ich war auch übel zugerichtet, man zog mich besinnungslos ans Ufer. Der Sturm hatte uns zum Festland getrieben, hinter Amalfi – eine fremde Gegend, aber es waren ja Landsleute, ebenfalls Fischer; solche Vorfälle sind für sie nichts Neues, sie machen sie nur besser: Menschen, die ein gefahrvolles Leben führen, sind stets gütig!

Mir scheint, ich habe die Sache mit dem Vater und das, was ich einundfünfzig Jahre mit mir im Herzen herumtrage, nicht so wiedererzählen können, wie ich es empfinde: dazu wären besondere Worte und vielleicht sogar Lieder erforderlich, aber wir sind einfache Leute, sind wie die Fische, wir können uns nicht so schön ausdrücken, wie wir wohl möchten! Man fühlt und weiß immer mehr, als man sagen kann.

Die Hauptsache hierbei ist, daß er, mein Vater, in der Todesstunde, als er wußte, es gibt kein Entrinnen mehr, die Furcht bezwang, daß er mich, seinen Sohn, nicht vergaß und Kraft und Zeit fand, mir alles mitzuteilen, was er für wichtig hielt. Siebenundsechzig Jahre habe ich nun gelebt, und ich kann sagen, daß alles richtig war, was er mir anvertraut hat!«

Der Alte nimmt seine gestrickte, ehemals rote, jetzt aber braune Mütze vom Kopf, zieht daraus seine Pfeife hervor, neigt den kahlen, bronzefarbenen Schädel und sagt mit besonderem Nachdruck: »Es hat alles seine Richtigkeit, Signore! Die Menschen sind so, wie man sie sehen will: blickt man sie mit guten Augen an, so hat man davon nur Gutes und sie auch; sie werden davon noch besser, und man selbst wird es auch. Das ist so einfach!«

Der Wind weht immer stärker, die Wellen werden höher, spitzer und weißer; wieder tauchen auf dem Meer jene weißen Vögel auf, sie schwimmen noch eiliger davon, während die beiden Schiffe mit den dreiteiligen Segeln bereits hinter dem blauen Horizont verschwunden sind.

An den steilen Ufern der Insel spritzt der weiße Gischt hoch, wild rauscht die blaue See, unermüdlich, voll Leidenschaft zirpen die Zikaden.

Gerechtigkeit

An dem Tag, als das geschah, blies der Schirokko, ein feuchter Wind, der aus Afrika herüberkommt. Ein abscheulicher Wind: er fällt einem auf die Nerven, verdirbt die Stimmung, und das war auch der Grund, daß die beiden Fuhrleute Giuseppe Cirotta und Luigi Meta miteinander in Streit gerieten. Der Streit war ganz unbemerkt entbrannt, niemand wußte, wer ihn angefangen hatte; die Leute sahen bloß, wie Luigi dem Giuseppe an die Brust sprang und seinen Hals zu umklammern versuchte, während der den Kopf einzog, um den dicken roten Hals zu schützen, und seinerseits die kräftigen schwarzen Fäuste schwang.

Man trennte sie sofort und fragte: »Was ist los?«

Blaurot vor Zorn, schrie Luigi: »Soll dieser Ochse vor allen Leuten wiederholen, was er von meiner Frau gesagt hat!«

Cirotta wollte sich entfernen. Er kniff verächtlich seine kleinen Äuglein zusammen, schüttelte den runden schwarzen Kopf und weigerte sich, die Beleidigung zu wiederholen. Da rief der andere laut:

»Er sagt, er habe die Liebe meiner Frau gekostet.«

»Hehe!« meinten die Leute. »Das ist kein Scherz, das muß ernstlich untersucht werden. Ruhe, Luigi! Du bist hier fremd. Deine Frau ist eine von uns. Wir alle hier kennen sie von Kindheit an, und wenn du beleidigt worden bist, fällt ihre Schuld auf uns alle zurück – da muß man gerecht sein.«

Man nahm nun Cirotta ins Gebet: »Hast du das gesagt?«

»Nun ja«, gestand er.

»Und ist das die Wahrheit?«

»Wer hat mich je bei einer Lüge ertappt?«

Cirotta war ein anständiger Mensch, ein guter Familienvater – die Angelegenheit nahm eine schlimme Wendung, und die Leute standen verlegen und nachdenklich da. Luigi ging nach Hause und sagte zu seiner Concetta: »Ich fahre weg, ich will nichts mehr von dir wissen, wenn du mir nicht beweisen kannst, daß dieser Halunke dich verleumdet hat!«

Sie weinte natürlich, aber Tränen rechtfertigen nicht; Luigi stieß sie von sich, und so blieb sie allein zurück, mit einem kleinen Kind, ohne Geld und Brot.

Die Weiber nahmen sich ihrer an, vor allem Caterina, die Gemüsehändlerin, eine kluge Füchsin, wissen Sie – so eine alte Haut, die mit Fleisch und Knochen vollgestopft ist und hier und da Falten wirft.

»Signori«, rief sie, »ihr wißt schon, daß unser aller Ehre angegriffen wurde. Das ist kein leichtsinniger Streich, der in einer Mondnacht ausgeheckt wird, hier steht das Schicksal zweier Mütter auf dem Spiel, nicht wahr? Ich nehme Concetta zu mir, sie wird bei mir bleiben, bis wir die Wahrheit herausbekommen.«

So geschah es auch; darauf rückten Caterina und die dürre Hexe Lucia, deren Stimme drei Meilen weit zu hören ist, dem armen Giuseppe auf den Leib. Sie riefen ihn zu sich und begannen seine Seele wie einen alten Lappen zu zerrupfen.

»Nun, mein Guter, sag mal, hast du sie viele Male besessen, die Concetta nämlich?«

Der dicke Giuseppe blies die Backen auf, überlegte und erwiderte: »Einmal.«

»Das hätte man auch sagen können, ohne lange nachzudenken«, bemerkte Lucia wie zu sich selber.

»Ist das an einem Abend, in der Nacht oder am Morgen passiert?« fragte Caterina, ganz wie ein Richter.

Giuseppe entschloß sich, ohne nachzudenken, für den Abend.

»War es noch hell?«

»Ja«, entgegnete der Dummkopf.

»So hast du also ihren Körper gesehen?«

»Aber natürlich!«

»Nun, so sag, wie sieht er aus?«

Jetzt begriff er, was diese Fragen bezweckten, und sperrte den Mund auf wie ein Sperling, dem ein Gerstenkorn im Halse steckengeblieben ist; er murmelte etwas Unverständliches und geriet so in Wut, daß seine großen Ohren blaurot anliefen.

»Was soll ich darauf sagen? Ich habe sie ja nicht so genau untersucht wie ein Arzt.«

»Ißt du Früchte, ohne dich an ihnen zu freuen?« fragte Lucia. »Hast du aber vielleicht dennoch eine Besonderheit an Concettina bemerkt?« fragte sie weiter und zwinkerte ihm zu, die Schlange.

»Es ging alles so schnell, daß ich wirklich nichts bemerkt habe«, antwortete Giuseppe.

»Dann hast du sie nicht besessen!« rief Caterina – sie war eine freundliche alte Frau, konnte aber im Notfalle auch sehr streng sein. Mit einem Wort, sie verwickelten ihn dermaßen in Widersprüche, daß der Bursche zu guter Letzt seinen häßlichen Kopf senkte und gestand: »Es ist nichts geschehen, ich habe es nur aus Bosheit gesagt!«

Die Weiber waren durchaus nicht erstaunt.

»Das dachten wir auch«, sagten sie, ließen ihn laufen und übergaben die Sache den Männern, die darüber zu Gericht sitzen sollten.

Am folgenden Tag trat unser Arbeiterverband zusammen. Cirotta stand vor Gericht unter der Anklage, eine Frau verleumdet zu haben, und der alte Giacomo Fasca, der Schmied, hielt eine Rede, die nicht schlecht war.

»Bürger, Kameraden, liebe Leute! Wir fordern für uns

Gerechtigkeit und müssen deshalb auch gegeneinander gerecht sein. Alle Leute sollen sehen, daß wir den hohen Wert dessen, was wir fordern, auch erkennen und daß die Gerechtigkeit für uns kein leeres Wort ist wie für unsere Herren. Da steht ein Mann, der eine Frau verleumdet, einen Kameraden beleidigt, eine Familie zugrunde gerichtet und über eine andere Herzeleid gebracht hat, indem er seiner Gattin Qualen der Eifersucht und der Scham bereitete. Wir müssen streng gegen ihn sein. Was beantragt ihr?«

Siebenundsechzig Männer erklärten einmütig: »Hinaus mit ihm aus der Gemeinde!«

Aber fünfzehn andere fanden, diese Strafe sei zu hart, und es entbrannte ein Streit. Es entstand ein fürchterliches Geschrei, handelte es sich doch um das Schicksal eines Menschen, und nicht bloß eines einzigen, denn er war verheiratet, hatte drei Kinder – und was hatten Frau und Kinder verbrochen? Er besaß ein Haus, einen Weinberg, zwei Pferde, hielt vier Esel für ausländische Touristen – dies alles hatte er sich mit seiner Hände Arbeit erworben, es hatte wahrlich nicht wenig Mühe gekostet. Der arme Giuseppe hockte einsam im Winkel, finster wie der Teufel zwischen Kindern. Er saß vornübergebeugt auf dem Stuhl, den Kopf gesenkt, und drehte den Hut in den Händen; schon hatte er das Band heruntergerissen, allmählich riß er auch die Ränder ab, seine Finger tanzten wie die eines Geigenspielers. Und als man ihn fragte, was er zu sagen habe, erhob er sich, richtete sich mühsam auf und sagte: »Ich bitte um Schonung! Niemand ist doch ohne Sünde. Mich von dem Boden zu vertreiben, auf dem ich länger als dreißig Jahre gelebt, auf dem meine Vorfahren gearbeitet haben – das wäre nicht gerecht!«

Die Weiber sprachen auch gegen die Ausweisung. Endlich schlug Fasca folgendes vor: »Ich glaube, Freunde, er ist genügend bestraft, wenn wir ihm die Verpflichtung auferlegen, Luigis Weib und Kind zu unterhalten. Er soll ihr die Hälfte der Summe zahlen, die Luigino verdient hat.«

Man stritt noch lange hin und her, doch schließlich einigte man sich auf diesen Vorschlag, und Giuseppe Cirotta war sehr zufrieden, daß er so glimpflich davongekommen war, während die andern sich freuten, daß weder das öffentliche Gericht noch das Messer mitgesprochen hatten und daß die Angelegenheit im eigenen Kreis erledigt worden war. Wir haben es nicht gern, Signore, wenn die Zeitungen über unsere Angelegenheiten schreiben, und noch dazu in einer Sprache, in der es ebensowenig verständliche Worte gibt, wie ein Greis Zähne im Mund hat, oder wenn die Richter, diese uns fremden Leute, die das Leben sehr schlecht verstehen, in einem Ton von uns sprechen, als wären wir Wilde und sie Engel Gottes, die nie Wein und Fisch gekostet noch ein Weib berührt haben. Wir sind einfache Leute und sehen das Leben einfach an.

So wurde denn beschlossen: Giuseppe Cirotta hat Luigi Metas Weib und deren Kind zu ernähren. Aber die Angelegenheit war damit noch nicht erledigt. Als Luigi erfuhr, daß Cirotta gelogen hatte und seine Signora unschuldig war, und als er von unserem Urteil vernahm, schrieb er seinem Weibe kurz: »Komm zu mir, und wir wollen wieder gut miteinander leben. Nimm keinen Centesimo von diesem Menschen, und hast du schon etwas genommen, so wirf ihm das Geld ins Gesicht. Ich bin auch unschuldig vor dir. Konnte ich denn annehmen, daß ein Mann lügen würde, wo es sich um Liebe handelte?«

An Cirotta schrieb er folgenden Brief:

»Ich habe drei Brüder, und wir vier haben geschworen, dich wie einen Hammel abzuschlachten, wenn du die Insel jemals verläßt und in Sorrento, Castellammare, Torre, oder wo es auch sei, an Land gehst. Sobald wir davon erfahren, schneiden wir dir die Gurgel ab, denke daran! Das ist so wahr wie die Tatsache, daß die Mitglieder deiner Gemeinde brave, ehrliche Leute sind. Meine Signora braucht deine Unterstützung nicht. Selbst mein Schwein würde dein Brot nicht nehmen. Bleib auf deiner Insel, bis ich dir sage: jetzt darfst du!«

Man sagt, Cirotta habe diesen Brief unserem Richter gezeigt und ihn gefragt, ob man Luigi nicht wegen seiner Drohung verurteilen könne. Der Richter soll ihm hierauf erwidert haben: »Natürlich könnte man das – dann aber werden Sie sicherlich von seinen Brüdern getötet; sie kommen dann hierher und schneiden Ihnen die Gurgel ab. Ich rate Ihnen, warten Sie lieber! Das ist besser. Der Zorn ist nicht wie die Liebe, er hält nicht lange an...«

Es ist wohl möglich, daß der Richter so etwas gesagt hat, er ist ein sehr guter, kluger Mann und verfaßt schöne Verse; ich glaube aber nicht, daß Cirotta ihn aufgesucht und ihm den Brief gezeigt hat. Nein, Cirotta ist trotz alledem ein anständiger Bursche, er kann nicht noch einmal eine solche Taktlosigkeit begangen haben, alle hätten ihn deswegen ausgelacht.

Wir sind einfache Arbeitsleute, Signore, wir führen unser eigenes Leben, wir haben unsere eigenen Begriffe und Anschauungen und haben das Recht, das Leben nach unserm eigenen Ermessen einzurichten, wie es am besten für uns scheint.

Ob wir Sozialisten sind? Oh, mein Freund, ich glaube, der Arbeitsmann wird als Sozialist geboren, und obgleich wir keine Bücher lesen, so erkennen wir doch die Wahrheit an ihrem Duft; sie riecht so kräftig, die Wahrheit, und immer gleich – nach dem Schweiß der Arbeit.

Auf dem Dorf

Vor der Tür des weißen, zwischen den üppigen Ranken des alten Weinberges versteckten Kellers, im Schatten des dichten, von Winden und kleinen Chinarosen durchwachsenen Weinlaubs sitzen der Maler Vincenzo und der Schlosser Giovanni bei einer Karaffe Wein. Der Maler ist klein, gedrungen und dunkel; aus seinen tiefbraunen Augen leuchtet das weiche, nachdenkliche Lächeln des Träumers; seine Oberlippe und die Wangen haben vom Rasieren einen bläulichen Schimmer, und doch gibt das Lächeln dem Gesicht etwas Kindliches und Naives. Er hat einen kleinen, schön geformten Mund wie ein Mädchen, die Hände sind lang und schmal; die gelenkigen Finger spielen mit einer goldgelben Rose, die er mit geschlossenen Augen an die vollen Lippen preßt.

»Vielleicht... ich weiß nicht... vielleicht...«, sagt er leise und schüttelt den feingeschnittenen Kopf, dessen rötliche Locken auf die hohe Stirn herabfallen.

»Jaja, je weiter nach Norden, desto energischer sind die Menschen!« behauptet Giovanni, ein breitschultriger Junge mit großem Kopf und schwarzen Locken; sein Gesicht ist kupferrot, die Nase von der Sonne verbrannt und mit weißen Schuppen abgestorbener Haut bedeckt; die Augen sind groß und gutmütig wie die eines Stiers, und an der linken Hand fehlt der Daumen. Ebenso langsam, wie sich seine mit Öl und Eisenstaub beschmierten Hände bewegen, ist auch seine Sprache. Während die braunen Finger mit den abgebrochenen Nägeln das Weinglas umspannen, fährt er mit seiner Baßstimme fort: »Mailand und Turin sind ausgezeichnete Werkstätten, wo neue Menschen heranwachsen und ein neuer Geist entsteht. Noch kurze Zeit – und die Welt wird ehrlich und klug sein!«

»Ja«, sagt der kleine Maler zustimmend. Er erhebt das Glas und versucht damit einen Sonnenstrahl einzufangen und singt halblaut vor sich hin:

»Wie warm ist diese Welt
für froher Jugend Lust!
Doch wenn das Alter naht,
wird's kühl in unsrer Brust!«

»Je weiter nach Norden, sag ich, desto besser geht's mit der Arbeit. Schon die Franzosen sind nicht so faul wie wir, dann kommen die Deutschen und endlich die Russen – das sind Menschen!«

»Ja.«

»Rechtlos, in ständiger Gefahr, Freiheit und Leben einzubüßen, haben sie ein grandioses Werk vollbracht – ihnen ist es zu danken, daß der ganze Osten zum Leben erwacht ist!«

»Ein Land von Helden!« bemerkt der Maler mit gesenktem Kopf. »Ich möchte dort schon leben...«

»Du?« ruft der Schlosser und schlägt sich mit der flachen Hand aufs Knie. »Ein Stück Eis würdest du dort innerhalb einer Woche sein.«

Beide brechen in gutmütiges Lachen aus.

Ringsum ist alles voll blauer und goldener Blüten, Bündel von Sonnenstrahlen flimmern in der Luft, im durchsichtigen Glas der Karaffe und der Gläser funkelt der blutrote Wein, von fern dringt sanft das Rauschen des Meeres herüber.

»Ja, mein guter Vincenzo«, sagt der Schlosser mit breitem Lächeln, »du mußt mal in Versen beschreiben, wie ich Sozialist geworden bin – weißt du das?«

»Nein«, sagt der Maler, der Wein in die Gläser gießt und dem roten Strahl zulächelt, »du hast mir niemals davon erzählt. Diese Haut sitzt so gut auf deinen Knochen, daß ich immer dachte, du wärest darin geboren!«

»Ich bin nackt und dumm geboren wie du und alle anderen Leute; in der Jugend träumte ich von einer reichen Heirat; bei den Soldaten büffelte ich, um das Offiziersexamen zu bestehen; ich war schon dreiundzwanzig Jahre alt, als ich merkte, daß nicht alles auf der Welt gut ist und daß es eine Schande ist, ein Dummkopf zu sein!«

Der Maler stützt die Ellbogen auf den Tisch, hebt den Kopf und blickt zum Berg hinauf, wo hart am Abhang mächtige Fichten stehen und ihre Zweige bewegen.

»Wir, das heißt unsere Kompanie, wurden nach Bologna geschickt; dort waren Bauernunruhen ausgebrochen. Die einen verlangten eine Herabsetzung des Pachtzinses, die andern forderten laut schreiend eine Lohnerhöhung, diese wie jene schienen mir im Unrecht zu sein; denn, so dachte ich, was sind das für Dummheiten: die Herabsetzung des Pachtzinses für den Boden und die Steigerung der Löhne müssen doch die Grundbesitzer ruinieren... Mir als Städter erschienen diese Forderungen absurd und unsinnig. Ich war sehr wütend, weil es auch noch fürchterlich heiß war und wir ständig von einem Ort zum andern rückten und nachts Wache stehen mußten. Diese Prachtkerle, weißt du, zerschlugen die Maschinen der Gutsherren und fanden Gefallen daran, Getreide in Brand zu stecken und alles Hab und Gut zu zerstören, das ihnen nicht gehörte.«

Er trinkt langsam seinen Wein aus und fährt immer lebhafter fort: »Sie gingen wie die Schafe in dichten Haufen über die Felder, stumm, ernst und drohend, wir trieben sie auseinander, hielten ihnen die Bajonette unter die Nase und stießen sie zuweilen mit den Kolben, sie aber zerstreuten sich ohne Furcht und Hast nach allen Richtungen, um sich dann von neuem zu sammeln; es war langweilig wie bei einer Messe, und die Sache schleppte sich von Tag zu Tag hin wie ein Fieber. Unser Unteroffizier Luoto, ein braver Junge aus den Abruzzen, ebenfalls ein Bauer, quälte sich sehr: er sah gelb und abgemagert aus und sagte so manches Mal zu uns: ›Es steht schlecht, Jungens. Verdammt noch mal, man wird wahrscheinlich schießen müssen!‹

Dieses Gekrächze verdarb unsere Stimmung noch mehr. Hinzu kam noch, daß hinter jeder Ecke, jedem Hügel und Baum trotzige Bauernschädel auftauchten, deren böse Blicke einen von oben bis unten abtasteten. Die Leute kamen uns natürlich nicht besonders freundlich entgegen.«

»Trink doch!« sagt der kleine Vincenzo und schiebt mit freundlicher Miene dem Gefährten ein volles Glas zu.

»Ich danke dir, und ein Hoch auf die tapferen Leute!« ruft der Schlosser, trinkt den Wein aus, wischt sich mit der Hand den Schnurrbart und fährt fort: »Eines Tages stand ich auf einem kleinen Hügel an einem Olivenhain und bewachte die Bäume, weil die Bauern sie beschädigten. Am Fuße des Hügels arbeiteten zwei Männer, ein Greis und ein Jüngling, sie gruben einen Graben. Es war heiß, die Sonne brannte wie Feuer, so daß man sich wünschte, ein Fisch zu sein; ich langweilte mich und betrachtete, wie ich mich erinnere, ziemlich wütend die Bauern. Um die Mittagsstunde stellten sie die Arbeit ein und holten Brot, Käse und einen Krug Wein hervor. Hol euch der Teufel, dachte ich. Plötzlich sagte der Alte, der mir bis dahin keinen Blick zugeworfen hatte, einige Worte zu dem Jungen. Der schüttelte ablehnend den Kopf, worauf der Alte ihm sehr scharf zurief: ›Geh!‹

Der Junge kommt mit dem Weinkrug in der Hand auf mich zu und sagt nicht gerade sehr freundlich: ›Der Vater glaubt, Sie wollen trinken, und bietet Ihnen Wein an!‹

Es war eine dumme Situation, aber schließlich war's doch angenehm. Ich lehnte ab und nickte dem Alten dankend zu, worauf dieser, mit einem Blick zum Himmel, bemerkte: ›Trinken Sie nur, Signore, trinken Sie! Wir bieten diesen Trunk dem Menschen und nicht dem Soldaten an und hoffen gar nicht, daß unser Wein den Soldaten besser macht!‹

Hol dich der Teufel mit deinen bissigen Bemerkungen, dachte ich, trank drei Schluck Wein, bedankte mich, und die beiden da unten begannen ihre Mahlzeit. Bald darauf wurde ich von dem Salernitaner Ugo abgelöst. Ich sagte ihm leise, die beiden Bauern seien brave Leute. Am Abend desselben Tages, als ich vor der Scheune, in der Maschinen untergestellt waren, Wache stand, fiel mir ein Dachziegel auf den Kopf; mein Kopf wurde zwar nicht stark getroffen, aber ein zweiter Stein schlug so heftig mit der Kante auf meine Schulter, daß mir der linke Arm wie leblos herabhing.«

Der Schlosser lacht mit weit geöffnetem Mund und zusammengekniffenen Augen laut auf.

»Dachziegel, Steine und Stöcke«, rief er lachend, »machten sich damals an jenem Ort sehr selbständig, und diese Selbständigkeit der leblosen Gegenstände brachte unseren Köpfen recht kräftige Beulen bei. Es brauchte nur irgendwo ein Soldat zu stehen oder vorüberzugehen, schon sprang plötzlich ein Knüppel vom Boden auf, oder ein Stein fiel vom Himmel herab. Wir waren darüber natürlich wütend!«

Die Augen des kleinen Malers nehmen einen traurigen Ausdruck an, das Gesicht wird blaß, und er sagt leise: »Man schämt sich immer, wenn man so etwas hört...«

»Was soll man tun? Die Menschen nehmen nur langsam Vernunft an... Ich rief also um Hilfe, und man brachte mich in ein Haus, wo schon ein anderer lag, der im Gesicht von einem Stein verletzt worden war. Als ich ihn fragte, wie das geschehen sei, entgegnete er mit grimmigem Lächeln: ›Ein altes Weib, Kamerad, eine alte graue

Hexe hat nach mir geworfen und dann gesagt, ich solle sie doch totschlagen.‹

›Hat man sie verhaftet?‹

›Ich habe gesagt, ich wäre selbst hingefallen und hätte mich gestoßen. Der Kommandeur glaubte das nicht, ich sah es an seinen Augen. Aber nicht wahr, man kann doch nicht eingestehen, daß man von einem alten Weib verletzt worden ist, he? Teufel noch mal, es geht ihnen doch an den Kragen – da ist es verständlich, daß sie uns nicht leiden können.‹

Soso! dachte ich. Bald darauf erschien der Arzt in Begleitung zweier Damen: Die eine war sehr schön, eine Blondine, offenbar eine Venezianerin, an die andere erinnere ich mich nicht mehr. Sie untersuchten meine Verletzung, die natürlich unbedeutend war, legten eine Kompresse auf und gingen wieder.«

Der Schlosser runzelt die Stirn, verstummt und reibt sich kräftig die Hände; sein Gefährte schenkt wieder die Gläser voll – beim Eingießen hebt er die Karaffe in die Höhe, und der rote lebendige Strahl des Weines zittert in der Luft.

»Wir beide setzten uns ans Fenster«, fährt der Schlosser finster fort, »und zwar so, daß wir nicht von der Sonne beschienen wurden. Plötzlich hörten wir draußen die sanfte Stimme der Blonden, die mit der Freundin und dem Arzt durch den Garten ging. Sie sprachen Französisch, was ich recht gut verstehe. ›Haben Sie bemerkt‹, sagte sie, ›was für Augen er hat? Er ist natürlich ein Bauer und wird vielleicht, wenn er die Uniform ausgezogen hat, gleichfalls Sozialist sein, wie alle bei uns. Und Leute mit solchen Augen wollen die ganze Welt erobern, das ganze Leben umgestalten, uns wegjagen und alles zerstören, nur damit eine blinde, langweilige Gerechtigkeit triumphiert!‹

›Dumme Kerls!‹ bemerkte der Arzt. ›Das sind halbe Kinder, halbe Tiere!‹

›Tiere – ja! Aber was finden Sie Kindliches an ihnen?‹

›Ach, diese Träume von der allgemeinen Gleichheit...‹

›Stellen Sie sich das einmal vor: ich soll diesem Burschen mit den Stieraugen und dem anderen mit dem Vogelgesicht gleichgestellt werden! Wir alle: Sie, ich, meine Freundin – wir sollen diesen Leuten mit dem Plebejerblut gleichgestellt sein! Mit diesen Leuten, die man nur dazu verwenden kann, ähnliche Leute wie sie, das heißt ebensolche Tiere, zu prügeln...‹

Sie sprach sehr viel und leidenschaftlich, und ich hörte zu und dachte: So, Signora! Ich sah sie nicht zum erstenmal, und du weißt natürlich, daß niemand leidenschaftlicher vom Weib träumt als der Soldat. Ich hatte sie mir selbstverständlich sanft, klug, gutherzig vorgestellt, und mir erschienen damals die Aristokraten als besonders kluge Leute.

Ich fragte meinen Kameraden, ob er diese Sprache verstehe. Nein, er verstand sie nicht. Da übersetzte ich ihm die Worte des blonden Fräuleins. Der Junge geriet in Wut wie ein Teufel und sprang im Zimmer umher, wobei das eine Auge Blitze schleuderte, das andere war verbunden.

›So ist das also!‹ murmelte er. ›So ist das also! Sie nutzt mich aus und betrachtet mich nicht als Menschen! Um ihretwillen lasse ich mich in meiner Menschenwürde beleidigen, und sie spricht sie mir überhaupt ab! Um ihr Eigentum zu schützen, setzte ich meine Seele aufs Spiel.‹

Er war kein dummer Bursche und fühlte sich auf das tiefste verletzt und ich ebenfalls. Am folgenden Tag sprachen wir bereits laut und ohne jede Rücksicht von der Dame. Luoto brummte nur und gab uns den Rat: ›Nehmt euch in acht, Kinder! Vergeßt nicht, ihr seid Soldaten, es gibt eine Disziplin!‹

Nein, das vergaßen wir nicht. Aber sehr viele von uns oder, ehrlich gesagt, fast alle wurden taub und blind, und die Bauern, diese Prachtkerle, nutzten unsere Taubheit und Blindheit vortrefflich aus. Sie gewannen den Kampf. Sie verhielten sich uns gegenüber sehr gut; die Blonde hätte viel von ihnen lernen können, so zum Beispiel hätten diese Bauern sie ausgezeichnet lehren können, wie man ehrliche Leute achten muß. Als wir den Ort verließen, den wir mit der Absicht, Blut zu vergießen, betreten hatten, bekamen viele von uns Blumensträuße. Als wir durch das Dorf marschierten, wurden wir nicht mit Steinen und Dachziegeln, sondern mit Blumen überschüttet. Ja, mein Freund, und ich glaube, wir hatten es verdient. Ein unfreundliches Willkommen läßt sich vergessen, wenn einem ein guter Abschied bereitet wird.«

Er lacht fröhlich und meint dann: »Das mußt du in Verse bringen, Vincenzo...«

Der Maler lächelt nachdenklich.

»Ja, das würde sich vortrefflich für ein Poem eignen. Ich denke, das könnte mir gelingen. Wenn man über die Fünfundzwanzig hinauskommt, wird man ein schlechter Lyriker.«

Er wirft die schon zerdrückte Blüte weg, pflückt eine neue, blickt sich um und fährt leise fort: »Hat der Mensch den Weg von der Mutterbrust zur Brust der Geliebten durchschritten, so muß er weitergehen zu einem andern Glück...«

Der Schlosser schweigt und schwenkt den Wein im Glas. Leise rauscht das Meer, unten, hinter den Weinbergen, ist die heiße Luft von Blumenduft erfüllt.

»Diese Sonne macht uns zu faul und zu weich«, murmelt der Schlosser.

»Die lyrischen Gedichte wollen mir nicht mehr gelingen«, sagt Vincenzo leise und zieht die feinen Augenbrauen hoch, »ich bin sehr unzufrieden mit mir...«

»Hast du etwas Neues gedichtet?«

Der Maler antwortet nicht gleich: »Ja, gestern auf dem Dach des Hotels Como.«

Und er rezitiert halblaut und nachdenklich, mit singender Stimme:

»Den altersgrauen Fels
und das öde Gestade
grüßt mild ein Strahl
der sinkenden herbstlichen Sonne;
es stürzt auf die finsteren Klippen
sich gierig die Welle
und spült die Sonne hinweg
in die kalten azurnen Fluten;
das Kupferrot der Blätter,
die der Herbstwind vom Baume geschüttelt,
glänzt hell im schäumenden Naß
wie toter Vögel Gefieder,
der fahle Himmel blickt traurig,
und finster dräuen die Wogen,
die Sonne nur lächelt allein
und senkt sich gehorsam hernieder.«

Beide schweigen lange, der Maler blickt, den Kopf gesenkt, zu Boden, während der große, schwerfällige Schlosser lächelt und schließlich sagt: »Man kann alles schön ausdrücken, das Beste aber ist ein Wort über einen guten Menschen, das Lied von den guten Menschen.«

Der Bucklige

Durch den dunkelgrünen Vorhang aus Weinreben flutet das Sonnenlicht wie goldener Regen auf die Hotelterrasse – es sieht aus, als wären Goldfäden durch die Luft gespannt. Auf den grauen Steinfliesen und den weißen Tischdecken liegen seltsame Schattenmuster; schaut man sie lange an, so scheint es, als könnte man es lernen, sie wie Verse zu lesen und zu verstehen, was sie sagen. Die Weintrauben schimmern in der Sonne wie Perlen oder wie der seltsame, matte Chrysolith, und in der Wasserkaraffe auf dem Tisch blitzen blaue Brillanten.

Im Gang zwischen den Tischen liegt ein kleines Spitzentuch. Natürlich hat es eine Dame verloren, eine Dame von göttlicher Schönheit – anders kann es nicht sein, anders ist es gar nicht denkbar an diesem stillen Tag voll leidenschaftlicher Lyrik, an einem Tag, wo alles Alltägliche und Langweilige unsichtbar wird und gleichsam vor der Sonne verschwindet, als schämte es sich seiner selbst.

Es herrscht Stille; nur die Vögel zwitschern im Garten, die Bienen summen über den Blüten, und irgendwo auf der Höhe, in den Weinbergen, erklingt wie ein Seufzer ein glühendes Lied. Es singen zwei – ein Mann und eine Frau; auf jede Strophe folgt eine Minute des Schweigens, und das verleiht dem Gesang eine besondere Ausdruckskraft, etwas Gebetartiges.

Da kommt auch aus dem Garten die Dame langsam die breiten Marmorstufen herauf; es ist eine hochgewachsene, alte Frau mit dunklem, strengem Gesicht und finster gerunzelten Brauen, die schmalen Lippen sind fest zusammengepreßt, als hätte sie gerade ein Nein gesprochen.

Ihre hageren Schultern verhüllt ein breiter, langer, mantelähnlicher Überwurf aus goldgelber Seide mit Spitzenbesatz, das graue Haar des unverhältnismäßig kleinen Kopfes bedeckt ein schwarzer Spitzenschleier; in der einen Hand hält sie einen roten Schirm mit langem Griff, in der anderen eine silberbestickte Handtasche aus schwarzem Samt. Fest und aufrecht wie ein Soldat schreitet sie durch das Spinnengewebe der Sonnenstrahlen und stößt mit der Schirmspitze laut auf die Steinfliesen. Im Profil wirkt ihr Gesicht noch strenger, die Nase ist krumm, das Kinn mit der großen grauen Warze spitz, mächtig überragt die gewölbte Stirn die dunklen Höhlen, in denen in einem Netz von Falten die Augen verborgen liegen. Sie sind so tief versteckt, daß die alte Frau einer Blinden gleicht.

Hinter ihr, wie ein Enterich watschelnd, taucht auf den Treppenstufen lautlos der quadratische Körper eines Buckligen auf; sein großer, schwer nach unten sinkender Kopf ist mit einem weichen grauen Hut bedeckt. Die Hände stecken in den Westentaschen, und das läßt seine Figur noch breiter und eckiger erscheinen. Er trägt einen weißen Anzug und weiße Schuhe mit weichen Sohlen. Sein Mund ist krankhaft geöffnet, man sieht die gelben, unreglmäßigen Zähne, die Oberlippe bedeckt ein dünner, stachliger, dunkler Schnurrbart; er atmet hastig und angestrengt, die Nasenflügel beben, aber der Schnurrbart bleibt unbeweglich. Beim Gehen kehrt er die kurzen Füße häßlich nach außen; die riesigen Augen blicken traurig zu Boden. Der kleine Körper ist mit vielen großen Sachen überladen: riesig wirkt der goldene Ring mit der Gemme an der linken Hand, riesig auch die goldene Berlocke mit den zwei Rubinen an dem schwarzen Band, das die Uhrkette ersetzt, und viel zu groß ist der Opal, der Unglücksstein, an der blauen Krawatte.

Und noch eine dritte Person betritt langsam die Terrasse, es ist ebenfalls eine alte Frau, sie ist klein und rundlich und hat ein gutmütiges rotes Gesicht und lebhafte Augen, allem Anschein nach ist sie ein lustiges, gesprächiges Wesen.

Sie gehen über die Terrasse auf den Eingang des Hotels zu und gleichen dabei den häßlichen, traurigen und komischen Gestalten auf den Bildern von Hogarth, diesen Gestalten, denen alles unter der Sonne fremd ist, bei deren Anblick alles trübe und dunkel zu werden scheint.

Es sind Holländer, Bruder und Schwester, Kinder eines Bankiers und Brillantenhändlers, Menschen mit einem höchst seltsamen Schicksal, wenn man den spöttischen Erzählungen über sie glauben darf.

Der Bucklige war als Kind still, unscheinbar und nachdenklich gewesen und hatte keine Spielsachen gemocht. Dieser Umstand hatte bei keinem außer der Schwester besondere Aufmerksamkeit erregt – Vater und Mutter fanden, ein mißgestalter Mensch müsse so sein; aber das Mädchen, das vier Jahre älter war als der Bruder, fühlte sich durch seinen Charakter beunruhigt.

Fast alle Tage leistete sie ihm Gesellschaft, sie versuchte ihn auf jegliche Weise aufzuheitern, zum Lachen zu bringen und steckte ihm Spielsachen zu. Er stellte sie übereinander und baute so irgendwelche Pyramiden, aber nur ganz selten erschien auf seinem Gesicht ein gezwungenes Lächeln. Meistens jedoch betrachtete er die Schwester so wie alle anderen – mit einem freudlosen Blick aus den großen, gleichsam erblindeten Augen; dieser Blick versetzte sie in Zorn.

»Untersteh dich nicht, so zu gucken, sonst wirst du noch ein Idiot!« schrie sie, stampfte mit den Füßen und kniff und schlug ihn. Er weinte leise und versuchte seinen Kopf zu schützen, indem er die langen Arme hob, aber niemals lief er ihr fort, und er beklagte sich auch nicht über die Schläge.

Später, als ihr schien, er könnte nun begreifen, was ihr bereits klargeworden war, ermahnte sie ihn: »Da du schon eine Mißgeburt bist, mußt du klug sein, sonst werden sich alle deiner schämen, Papa, Mama und alle! Sogar die Dienstboten werden sich schämen, daß es in einem so reichen Haus einen so mißgestalten Zwerg gibt. In einem reichen Haus müssen alle schön oder klug sein – verstanden?«

»Ja«, entgegnete er ernst, neigte den großen Kopf zur Seite und schaute sie mit dem dunklen Blick seiner leblosen Augen an.

Vater und Mutter konnten sich nicht genug über das Verhältnis der Schwester zum Bruder freuen, lobten in seiner Gegenwart ihr gutes Herz, und unmerklich wurde sie die allgemein anerkannte, ständige Spielgefährtin des Buckligen – sie lehrte ihn, mit Spielzeug umzugehen, half ihm beim Lernen und las ihm Geschichten von Prinzen und Feen vor.

Aber nach wie vor türmte er seine Spielsachen zu hohen Bergen, als strebte er danach, irgend etwas zu erreichen. Er lernte unaufmerksam und schlecht, nur die Wunderwelt der Märchen entlockte ihm zuweilen ein unsicheres Lächeln, und einmal fragte er die Schwester: »Gibt es bucklige Prinzen?«

»Nein.«

»Und bucklige Ritter?«

»Natürlich nicht.«

Der Junge seufzte müde, sie aber legte die Hand auf sein borstiges Haar und sagte: »Aber die weisen Zauberer sind immer bucklig.«

»Also werde ich Zauberer«, antwortete der Bucklige demütig.

Dann fügte er nach kurzem Nachdenken hinzu: »Und die Feen – sind sie immer schön?«

»Immer.«

»So wie du?«

»Vielleicht! Ich glaube – sie sind sogar noch schöner«, sagte sie aufrichtig.

Als er acht Jahre alt war, bemerkte die Schwester, daß jedesmal, wenn sie während der Spaziergänge oder Spazierfahrten an Baustellen vorüberkamen, auf das Gesicht des Jungen ein Ausdruck des Staunens trat; er schaute lange und aufmerksam zu, wie die Menschen arbeiteten, und richtete dann fragend den stummen Blick auf die Schwester.

»Interessiert dich das?« fragte sie.

Er antwortete einsilbig: »Ja.«

»Weshalb?«

»Ich weiß nicht.«

Aber einmal gab er doch eine Erklärung: »Solche kleinen Menschen und solche winzigen Ziegelsteine – und dann die gewaltigen Häuser. Hat man die ganze Stadt so gebaut?«

»Ja, selbstverständlich.«

»Auch unser Haus?«

»Natürlich!«

Sie schaute ihn an und sagte entschieden: »Du wirst ein berühmter Architekt werden, sieh mal einer an!«

Man kaufte ihm eine Menge hölzerner Bauklötze, und von dieser Zeit an erwachte in ihm eine heftige Leidenschaft für das Bauen: Tagelang saß er in seinem Zimmer auf dem Fußboden und errichtete schweigend hohe Türme, die mit Krachen zusammenstürzten. Er baute sie wieder auf, und das wurde ihm so zum Bedürfnis, daß er sogar am Tisch beim Mittagessen aus Messern, Gabeln und Serviettenringen etwas zu bauen versuchte. Sein Blick wurde konzentrierter und ausdrucksvoller, in die Hände kam Leben, sie bewegten sich ständig und betasteten jeden Gegenstand, den sie erreichen konnten.

Bei Spaziergängen durch die Stadt konnte er nun stundenlang vor einer Baustelle stehen und beobachten, wie aus dem Kleinen etwas Gewaltiges in den Himmel wuchs; seine Nasenflügel bebten und sogen den Staub der Mauersteine und den Geruch des brodelnden Kalks ein; die Augen wurden versonnen, sie bedeckten sich mit einem Schleier angespannten Nachdenkens, und sagte man ihm, es sei unschicklich, auf der Straße zu stehen, so hörte er nicht darauf.

»Komm.« Die Schwester weckte ihn auf und zupfte ihn am Ärmel.

Er senkte den Kopf und ging weiter, blickte sich aber immer wieder um.

»Du wirst Architekt werden, nicht wahr?« fragte sie eindringlich.

»Ja.«

Einmal, als der Vater nach dem Mittagessen im Salon saß und auf den Kaffee wartete, begann er davon zu sprechen, daß es Zeit sei, die Spielsachen beiseite zu legen und ernsthaft ans Lernen zu denken.

Da aber fragte die Schwester im Ton eines Menschen, der als verständig bekannt ist und mit dem man unbedingt rechnen muß: »Ich hoffe, Papa, ihr denkt noch nicht daran, ihn in eine Lehranstalt zu schicken.«

Der Vater – groß, glattrasiert, mit vielen funkelnden Edelsteinen geschmückt – sagte, während er sich die Zigarre anzündete: »Ja, warum denn nicht?«

»Ihr wißt doch, warum!«

Der Bucklige entfernte sich geräuschlos, da über ihn gesprochen wurde; er ging langsam und hörte noch, wie die Schwester sagte: »Es werden ihn doch alle auslachen!«

»Ach ja, natürlich«, warf die Mutter mit ihrer vollen Stimme ein, die kühl war wie der Herbstwind.

»Solche wie ihn muß man verbergen«, sagte die Schwester erregt.

»Ach ja, mit ihm ist wirklich kein Staat zu machen!«

ergänzte die Mutter. »Wieviel Verstand in ihrem Köpfchen steckt, oh!«

»Ihr mögt recht haben«, stimmte der Vater zu.

»Nein, wieviel Verstand...«

Der Bucklige war wieder zurückgekehrt, stand in der Tür und sagte: »Ich bin aber auch nicht dumm...«

»Wir werden sehen«, meinte der Vater, während die Mutter beteuerte: »Aber so etwas denkt doch keiner...«

»Du wirst zu Hause lernen«, erklärte die Schwester und setzte ihn neben sich. »Du wirst alles lernen, was ein Architekt wissen muß – gefällt dir das?«

»Ja, du wirst sehen.«

»Was werde ich sehen?«

»Was mir gefällt.«

Sie war nur einen halben Kopf größer als er, aber sie beherrschte alle – auch den Vater und die Mutter. Damals war sie fünfzehn Jahre alt. Er ähnelte einer Krabbe, während sie mit ihrer zierlichen, schlanken, kräftigen Gestalt ihm wie eine Fee vorkam, unter deren Macht das ganze Haus lebte, auch er, der kleine Bucklige.

Und nun kamen höfliche, kühle Leute zu ihm, sie erklärten ihm verschiedenes und stellten Fragen, er aber gestand ihnen gleichmütig, daß er die Wissenschaften nicht begreife, und blickte kalt über diese Lehrer hinweg, während er seinen eigenen Gedanken nachging. Allen war klar, daß seine Gedanken etwas ungewöhnlich waren, er sprach wenig, aber manchmal stellte er sonderbare Fragen: »Was geschieht mit denen, die nichts tun wollen?«

Der Lehrer, ein wohlerzogener Mann, der in seinem schwarzen, hochgeschlossenen Rock zugleich einem Priester und einem Soldaten ähnelte, antwortete: »Solchen Leuten stößt alles nur erdenklich Schlimme zu! Viele von ihnen werden zum Beispiel Sozialisten.«

»Danke sehr!« sagte der Bucklige, der die Lehrer korrekt und sachlich behandelte wie ein Erwachsener. »Und was ist ein Sozialist?«

»Im besten Falle ein Phantast und Faulpelz, im allgemeinen jedoch ein moralischer Krüppel, dem jede Vorstellung von Gott, Eigentum und Nation fehlt.«

Die Lehrer antworteten immer kurz und bündig, ihre Antworten fügten sich fest ins Gedächtnis – wie Pflastersteine.

»Kann auch eine alte Frau ein moralischer Krüppel sein?«

»Aber natürlich, unter ihnen...«

»Auch ein kleines Mädchen?«

»Jawohl. Das ist eine angeborene Eigenschaft...«

Die Lehrer sagten von ihm: »Er hat nur eine schwache Begabung für Mathematik, aber großes Interesse für moralische Fragen.«

»Du redest zuviel«, sagte die Schwester, als sie von seinen Gesprächen mit den Lehrern hörte.

»Sie reden mehr als ich.«

»Du betest auch zuwenig zu Gott...«

»Er wird mich nicht von meinem Buckel befreien...«

»Ach, solche Gedanken machst du dir!« rief sie erstaunt und erklärte: »Ich will es dir verzeihen, aber schlag dir alle solche Gedanken aus dem Kopf, hörst du?«

»Ja.«

Sie trug damals schon lange Kleider, und er war dreizehn Jahre alt.

Von dieser Zeit an hatte sie häufig Unannehmlichkeiten: Fast jedesmal, wenn sie das Arbeitszimmer des Bruders betrat, fielen ihr irgendwelche Latten, Bretter und Werkzeuge vor die Füße und trafen bald ihre Schulter, bald ihren Kopf oder schlugen ihr auf die Finger – der Bucklige rief stets warnend: »Vorsicht!«

Aber sein Ruf kam immer zu spät, und sie mußte dafür leiden.

Einmal sprang sie, leicht humpelnd, wütend und böse auf ihn zu und schrie ihm ins Gesicht: »Du machst das absichtlich, du Mißgeburt!« und versetzte ihm eine Ohrfeige.

Seine Beine waren schwach, er fiel hin, blieb auf dem Fußboden sitzen und fragte leise, ohne Tränen oder Gekränktheit: »Wie kannst du so etwas von mir denken? Du hast mich doch lieb – nicht wahr? Hast du mich lieb?«

Sie lief stöhnend aus dem Zimmer, kam dann aber wieder, um sich mit ihm auszusprechen.

»Siehst du ... früher hat es so etwas nicht gegeben ...«

»Und das da auch nicht«, entgegnete er ruhig und beschrieb mit der ausgestreckten Hand einen weiten Kreis: In den Zimmerecken häuften sich Bretter und Kästen, alles hatte ein sehr chaotisches Aussehen, die an der Wand aufgestellte Hobelbank und die Drehbank lagen voller Holzreste.

»Warum hast du dir soviel von diesem unnützen Zeug angeschafft?« fragte sie und sah sich angewidert und mißtrauisch um.

»Das wirst du schon sehen!«

Er fing bereits an zu bauen: er fertigte einen Kaninchenstall und eine Hundehütte an und dachte sich eine Rattenfalle aus. Die Schwester verfolgte eifrig seine Arbeiten, und voller Stolz berichtete sie bei Tisch dem Vater und der Mutter davon. Der Vater nickte zustimmend.

»Jeder fängt klein an, das ist immer so!«

Die Mutter aber umarmte die Tochter und fragte den Sohn:

»Verstehst du, wie sehr man ihre Sorge um dich schätzen muß?«

»Ja«, entgegnete der Bucklige.

Als er die Rattenfalle fertig hatte, rief er die Schwester zu sich ins Zimmer, zeigte ihr den unförmigen Apparat und sagte: »Das ist kein Spielzeug mehr, das kann ich mir patentieren lassen. Sieh, wie einfach und wirksam – faß mal hier an.«

Das Mädchen gehorchte, die Falle schnappte zu, sie schrie wild auf, während der Bucklige um sie herumsprang und murmelte: »Oh, nicht die, nicht die...«

Die Mutter kam herzugelaufen, die Diener erschienen. Man zerbrach den Apparat zum Rattenfangen und befreite den gequetschten, blau angelaufenen Finger des Mädchens, das ohnmächtig hinausgetragen werden mußte.

Abends rief man ihn zur Schwester, und sie fragte: »Das hast du absichtlich getan, du haßt mich – weshalb?«

Er schüttelte seinen Buckel und antwortete friedlich und still: »Du hast einfach nicht mit der richtigen Hand angefaßt.«

»Du lügst!«

»Wozu sollte ich denn deine Hände verunstalten wollen? Es ist ja nicht einmal die Hand, mit der du mich geschlagen hast...«

»Paß auf, du Unhold, du bist nicht klüger als ich...«

»Ich weiß.«

Sein eckiges Gesicht war ruhig wie immer, seine Augen blickten konzentriert – es schien unglaubwürdig, daß er böse und verlogen sein sollte.

Nach diesem Vorfall kam sie nicht mehr so oft zu ihm. Sie erhielt häufig Besuch von ihren Freundinnen, lebhaften Mädchen in bunten Kleidern, die gesittet durch die großen, etwas kühlen und finsteren Zimmer liefen. Die Bilder, die Statuen, die Blumen und die goldenen Verzierungen – alles wurde heller durch sie. Zuweilen erschien die Schwester mit ihnen in seinem Zimmer – sie streckten ihm geziert die kleinen Fingerchen mit den rosigen Nägeln hin und berührten seine Hand so vorsichtig, als hätten sie Angst, sie zu zerbrechen. Im Gespräch waren sie besonders freundlich und sanft zu ihm und betrachteten erstaunt, aber ohne Interesse seine bucklige Gestalt inmitten der Werkzeuge, Zeichnungen, Holzstücke und Hobelspäne. Er wußte, diese Mädchen nannten ihn den »Erfinder« – das hatte ihnen die Schwester eingeprägt – und man erwartete von ihm für die Zukunft etwas, das dem Namen seines Vaters Ehre machen würde. Jedenfalls sprach die Schwester mit Überzeugung davon.

»Er ist natürlich häßlich, aber ungemein klug«, erwähnte sie oft.

Sie war neunzehn Jahre alt geworden und hatte bereits einen Bräutigam, als der Vater und die Mutter bei einer Vergnügungsfahrt auf See ums Leben kamen, ihre Jacht wurde durch die Schuld des betrunkenen Steuermanns eines amerikanischen Frachters gerammt und in den Grund gebohrt; die Schwester hatte auch an diesem Ausflug teilnehmen sollen, aber plötzlich Zahnweh bekommen.

Als die Nachricht vom Tod des Vaters und der Mutter eintraf, lief sie, ohne an ihr Zahnweh zu denken, händeringend im Zimmer hin und her und schrie: »Nein, nein, das ist unmöglich!«

Der Bucklige stand in der Tür, hüllte sich in die Falten der Portiere, sah die Schwester aufmerksam an, schüttelte seinen Buckel und sagte: »Der Vater war so rund und so aufgedunsen – ich verstehe nicht, wie er ertrinken konnte...«

»Schweig, du hast niemanden lieb!« schrie die Schwester.

»Ich kann bloß keine schönen Worte machen«, sagte er.

Der Leichnam des Vaters wurde nicht gefunden, und die Mutter war schon tot, als sie ins Wasser fiel. Man fischte sie heraus, und nun lag sie im Sarg, dürr und zerbrechlich wie der abgestorbene Ast eines alten Baumes, so wie sie schon zu Lebzeiten gewesen war.

»Nun sind wir beide allein zurückgeblieben«, sagte die

Schwester nach der Beerdigung der Mutter streng und traurig zu dem Bruder und wies ihn mit einem scharfen Blick der grauen Augen von sich. »Wir werden es schwer haben. Wir haben keine Erfahrung und können viel verlieren. Wie schade, daß ich jetzt nicht sofort heiraten kann!«

»Oh«, rief der Bucklige aus.

»Was heißt oh?«

Er überlegte einen Augenblick und meinte: »Wir sind allein.«

»Du sagst das, als freutest du dich darüber.«

»Ich freue mich über nichts.«

»Das ist ebenfalls sehr bedauerlich. Du hast schrecklich wenig Ähnlichkeit mit einem lebendigen Menschen.«

Abends kam immer ihr Bräutigam – ein kleines, weißblondes, lebhaftes Männlein mit sonnengebräuntem, rundem Gesicht und einem buschigen Schnurrbart, er lachte unablässig, den ganzen Abend, und konnte wahrscheinlich auch den ganzen Tag über lachen. Die Verlobung war bereits öffentlich bekanntgegeben, und in einer der schönsten, saubersten und ruhigsten Straßen der Stadt wurde für die beiden ein neues Haus gebaut. Der Bucklige war noch nie auf dieser Baustelle gewesen und mochte es nicht, wenn man davon sprach. Der Bräutigam klopfte ihm mit seiner kleinen, dicken, mit Ringen geschmückten Hand auf die Schulter und sagte, wobei er eine Menge kleiner Zähne sehen ließ: »Du mußt mal mitkommen und dir das ansehn. Na, wie wärs?«

Er lehnte lange unter verschiedenen Vorwänden ab, endlich gab er nach und begleitete ihn und die Schwester dorthin, als sie aber zu zweit die oberste Etage des Gerüsts erstiegen hatten, stürzten sie beide ab – der Bräutigam fiel auf die Erde, in eine Kalkgrube, der Bucklige verfing sich mit der Kleidung am Gerüst, blieb in der Luft hängen und wurde von den Maurern heruntergeholt. Er verrenkte sich nur einen Arm und ein Bein und schlug sich das Gesicht auf, der Verlobte aber hatte sich das Rückgrat gebrochen und die Seite aufgerissen.

Die Schwester wälzte sich in Krämpfen am Boden, ihre Hände krallten sich in die Erde und wirbelten weißen Staub auf; sie weinte lange – über einen Monat, dann ähnelte sie ihrer Mutter immer mehr: sie wurde lang und hager, und ihre Stimme bekam einen kalten, trockenen Klang.

»Du bist mein Unglück!«

Er schwieg und senkte die großen Augen.

Die Schwester ging jetzt in Schwarz, sie zog die Augenbrauen zusammen, und wenn sie dem Bruder begegnete, preßte sie die Zähne so fest aufeinander, daß ihre Backenknochen als scharfe Kanten hervortraten; er dagegen war bemüht, ihr nicht unter die Augen zu kommen, und arbeitete fortwährend einsam und stumm an irgendwelchen Zeichnungen. So lebte er dahin, bis er mündig wurde, von diesem Tag an aber begann zwischen ihnen ein offener Kampf, dem sie ihr ganzes Leben opferten – ein Kampf, der sie durch unzerreißbare Bande gegenseitiger Beleidigungen und Kränkungen zusammenhielt.

Am Tage seiner Volljährigkeit sagte er im Tone des Älteren zu ihr: »Es gibt weder weise Zauberer noch gute Feen, es gibt nur Menschen, die einen sind böse, die andern dumm, und alles, was über das Gute gesagt wird, ist ein Märchen! Ich aber will, daß das Märchen Wirklichkeit wird. Entsinnst du dich, du hast gesagt, in einem reichen Haus müsse alles schön oder klug sein? In einer reichen Stadt muß auch alles schön sein. Ich will ein Stück Land außerhalb der Stadt kaufen und dort ein Haus für mich und alle mißgestalteten Wesen bauen, die mir ähnlich sehen, ich will sie aus dieser Stadt hinausführen, wo sie es so schwer haben und wo ihr Anblick solchen wie dir unangenehm ist...«

»Nein«, sagte sie, »das wirst du selbstverständlich nicht tun. Das ist eine Wahnsinnsidee!«

»Das ist – deine Idee.«

Sie stritten nüchtern und kaltblütig wie Menschen, die sich außerordentlich hassen und es nicht nötig haben, diesen Haß zu verbergen.

»Es ist beschlossen«, sagte er

»Nicht von mir«, antwortete die Schwester.

Der Bucklige erhob sich und ging hinaus; nach einiger Zeit erfuhr die Schwester, das Land sei gekauft, mehr noch, die Arbeiter seien schon dabei, die Baugrube auszuheben, und Dutzende von Fuhrwerken schafften Ziegel, Feldsteine, Eisenträger und Holzbalken heran.

»Du fühlst dich wohl immer noch als kleiner Junge?« fragte sie. »Glaubst du etwa, das ist ein Spiel?«

Er schwieg.

Einmal in der Woche fuhr die Schwester, das weiße Pferd vor ihrer kleinen Kalesche selbst lenkend, zur Stadt hinaus; schlank, hager und stolz, fuhr sie langsam an der Baustelle vorüber und sah kalt zu, wie das rote Fleisch der Ziegel durch die Sehnen der Eisenträger verbunden wurde, wie sich die gelben Holzbalken als Nervenstränge in die wuchtige Masse einfügten. Sie erblickte von ferne die krabbenähnliche Gestalt des Bruders, er kletterte auf dem Gerüst herum, den Spazierstock in der Hand, mit zerdrücktem Hut, staubig und grau wie eine Spinne; zu Hause schaute sie unverwandt in sein erregtes Gesicht und in seine dunklen Augen – sie waren jetzt weicher und klarer.

»Ja«, sagte er leise, »es war ein guter Gedanke von mir – für euch ebensogut wie für uns! Das ist eine wunderbare Sache, das Bauen, und mir scheint, ich werde mich bald für einen glücklichen Menschen halten ...«

»Glücklich?« fragte sie und maß mit einem rätselhaften Blick seinen ungestalten Körper.

»Ja! Weißt du, die arbeitenden Menschen sind vollkommen anders als wir, und sie bringen einen auf besondere Gedanken. Wie wohl muß sich ein Maurer fühlen, wenn er durch die Straßen einer Stadt geht, in der er Dutzende von Häusern gebaut hat! Unter den Arbeitern gibt es viele Sozialisten, das sind vor allem nüchterne Leute, und sie haben wirklich ihr besonderes Ehrgefühl. Manchmal scheint mir, daß wir unser Volk schlecht kennen...«

»Du redest seltsam«, bemerkte sie.

Der Bucklige lebte auf und wurde von Tag zu Tag gesprächiger.

»Eigentlich geht ja alles, wie du es gewünscht hast«, sagte er. »Ich bin auf dem Wege, ein weiser Zauberer zu werden, der die Stadt von den Mißgestalten befreit, und du könntest, wenn du wolltest, eine gute Fee sein! Warum antwortest du nicht?«

»Wir sprechen später darüber«, entgegnete sie und spielte mit ihrer goldenen Uhrkette.

Einmal sprach er in einem Ton, der ihr völlig fremd war: »Vielleicht bin ich schuldiger vor dir als du vor mir...«

Sie war erstaunt.

»Ich – schuldig? Vor dir?«

»Warte! Ehrenwort – ich habe nicht so viel Schuld, wie du denkst! Ich bin doch schlecht zu Fuß, vielleicht habe ich ihn damals angestoßen – aber es war keine böse Absicht, nein, glaub es mir! Meine Schuld war viel größer, als ich deine Hand, mit der du mich geschlagen hattest, verunstalten wollte...«

»Lassen wir das!« sagte sie.

»Mir scheint, man sollte gütiger sein!« murmelte der Bucklige. »Ich glaube, das Gute ist kein Märchen, sondern etwas Erreichbares...«

Der mächtige Bau vor der Stadt wuchs mit großer Geschwindigkeit, er breitete sich auf dem schweren Boden immer mehr aus und stieg zu dem ewig grauen, regenschwangeren Himmel empor.

Eines Tages erschien auf dem Bau eine Gruppe offizieller Persönlichkeiten, sie besichtigten alles, berieten leise miteinander und verboten dann weiterzubauen.

»Das ist dein Werk«, schrie der Bucklige, stürzte auf die Schwester los und umkrallte ihren Hals mit seinen langen, kräftigen Händen, doch da erschienen plötzlich irgendwelche fremden Leute, rissen ihn von ihr weg, und die Schwester sagte: »Sie sehen, meine Herren, er ist wirklich nicht normal, man muß ihn unter Vormundschaft stellen! Angefangen hat das gleich nach dem Tode des Vaters, den er leidenschaftlich liebte, fragen Sie unsere Dienstboten – sie wissen alle, daß er krank ist. Bis jetzt haben diese guten Leute geschwiegen, denn sie achten die Ehre des Hauses, in dem viele von ihnen seit ihrer Kindheit leben. Auch ich habe dieses Unglück verheimlicht – man hat wohl nicht gerade Grund, stolz zu sein, daß der Bruder wahnsinnig ist...«

Sein Gesicht wurde blau, und die Augen traten ihm aus den Höhlen, als er diese Worte hörte, er erstarrte und bohrte schweigend seine Nägel in die Hände der Leute, die ihn festhielten. Sie aber fuhr fort: »Und diese unheilvolle Idee mit dem Haus – ich beabsichtige, es der Stadt zu schenken, damit es als Heilanstalt für Geisteskranke den Namen meines Vaters trägt...«

Er kreischte auf, verlor das Bewußtsein und wurde weggetragen.

Die Schwester ließ den Bau mit der gleichen Geschwindigkeit fortsetzen und zu Ende führen, mit der er ihn angefangen hatte, und als das Gebäude fertig war, wurde darin als erster Patient ihr Bruder untergebracht. Sieben Jahre hat er dort gelebt, eine Zeit, die völlig ausreichte, ihn in einen Idioten zu verwandeln; er ist melancholisch geworden, die Schwester aber ist in dieser Zeit gealtert, die Hoffnung, Mutter zu werden, hat sie aufgegeben, und nachdem sie sich endlich überzeugt hat, daß ihr Feind besiegt ist und nicht mehr auferstehen wird, hat sie ihn zu sich in Pflege genommen.

So kreisen sie nun um den Erdball, sind bald hier, bald dort; erblindeten Vögeln gleich, schauen sie ziellos und freudlos auf alles und sehen nirgends etwas anderes als sich selbst.

Passagiere erster Klasse

Das blaue Wasser erscheint zähflüssig wie Öl, die Schiffsschraube arbeitet darin weich und fast geräuschlos. Das Deck unter den Füßen zittert nicht, nur der zum klaren Himmel hochstrebende Mast vibriert angespannt; leise singen die wie Saiten gestrafften Trossen, aber an das Vibrieren hat man sich bereits gewöhnt, man bemerkt es nicht, und es scheint, als ruhe der weiße, schlanke Dampfer, einem Schwane gleich, regungslos auf der glatten Wasserfläche. Um die Bewegung wahrzunehmen, muß man über die Reling schauen: von den weißen Schiffswänden stößt sich eine grünliche Welle ab, sie kräuselt sich, wölbt sich und läuft in breiten, weichen Falten davon, schläfrig murmelnd und wie Quecksilber glänzend.

Es ist Morgen, das Meer ist noch nicht ganz erwacht, am Himmel sind noch nicht die rosigen Farben des Sonnenaufgangs verblaßt, doch wir haben bereits die Insel Gorgona passiert – ein rauhes, waldbedecktes, einsames Felseneiland mit einem runden grauen Turm auf der höchsten Spitze und einem Haufen weißer Häuschen am schlummernden Wasser. Ein paar kleine Kähne gleiten schnell am Dampfer vorüber – Leute von der Insel, die zum Sardinenfang fahren. Das gleichmäßige Klatschen der langen Ruder und die schlanken Gestalten der Fischer prägen sich dem Gedächtnis ein – sie rudern im Stehen und wippen vor und zurück, als verneigten sie sich vor der Sonne.

Am Heck des Dampfers bildet sich ein breiter Streifen grünlichen Schaums, über den Möwen gemächlich dahinstreichen; zuweilen taucht unversehens ein Python auf, der langgestreckt wie eine Zigarre und geräuschlos dicht über dem Wasser dahinsegelt, um plötzlich wie ein Pfeil hinabzustoßen.

In der Ferne steigen nebelhaft die violetten Berge der ligurischen Küste aus dem Meer empor; noch zwei, drei Stunden, und der Dampfer wird in den engen Hafen der marmornen Stadt Genua einlaufen.

Immer höher steigt die Sonne, sie verspricht einen heißen Tag.

Zwei Stewards sind auf Deck erschienen; der eine ist jung, schlank, behend, ein Neapolitaner mit einem rätselhaften Ausdruck in dem lebhaften Gesicht, der andere ist ein Mann in mittleren Jahren, mit grauem Schnurrbart, schwarzen Augenbrauen, silbernem Borstenhaar auf dem runden Schädel, gebogener Nase und ernsten, klugen Augen. Lachend und scherzend decken sie schnell den Kaffeetisch und eilen davon, an ihrer Stelle kommen – einer nach dem andern – die Passagiere langsam aus den Kajüten heraufgestiegen: ein Dicker mit kleinem Kopf und gedunsenem Gesicht, rotwangig, aber trübsinnig, mit müde herabhängenden, vollen, himbeerfarbenen Lippen; ein hochgewachsener Mann mit grauem Backenbart, von oben bis unten geschniegelt, mit kaum wahrnehmbaren Augen und einer kleinen, knopfartigen Nase in dem flachen gelben Gesicht; hinter ihnen stolpert ein rothaariger, dickbäuchiger Mann über die Messingschwelle aufs Verdeck, sein Schnurrbart ist militärisch aufgezwirbelt, er trägt Bergsteigerkleidung und einen Hut mit grüner Feder. Alle drei stellen sich an die Reling, der Dicke kneift traurig die Augen zusammen und sagt: »Wie still es ist, was?«

Der Mann mit dem Backenbart steckt die Hände in die Taschen, spreizt die Beine und sieht nun aus wie eine geöffnete Schere. Der Rothaarige zieht eine goldene Uhr hervor, die so groß ist wie das Perpendikel einer Wanduhr, schaut darauf, blickt dann zum Himmel und über das Verdeck und beginnt zu pfeifen, wobei er die Uhr hin und her schwenkt und mit dem Fuß den Takt schlägt.

Es erscheinen zwei Damen: eine junge, füllige, mit einem Gesicht wie aus Porzellan, sanften hellblauen Augen, dunklen Brauen, die wie gemalt aussehen und deren eine höher ist als die andere – und eine ältere, spitznasige, mit üppigem, aber verblichenem Haar und einem großen schwarzen Mal auf der linken Wange, sie hat zwei goldene Ketten um den Hals, eine Lorgnette und am Gürtel des grauen Kleides eine Menge Berlocken.

Der Kaffee wird gebracht. Die junge Dame nimmt schweigend am Tisch Platz und schenkt das schwarze Getränk ein; dabei runden sich ihre bis zum Ellenbogen entblößten Arme auf besondere Art. Die Herren treten an den Tisch heran und setzen sich schweigend, der Dicke nimmt seine Tasse in die Hand und meint seufzend: »Das wird ein heißer Tag...«

»Du bekleckerst dir die Knie«, bemerkt die ältere Dame.

Er senkt den Kopf, wobei ihm Wangen und Kinn über der Brust auseinanderfließen, stellt die Tasse auf den Tisch, wischt mit dem Taschentuch die Kaffeetropfen von der grauen Hose und trocknet sein schweißbedecktes Gesicht ab.

»Ja!« sagt plötzlich der Rothaarige unerwartet laut und scharrt mit seinen kurzen Beinen. »Jaja! Wenn schon unsere Linken anfangen über das Banditenwesen zu klagen, dann...«

»Hör auf zu schwatzen, Iwan!« unterbricht ihn die ältere Dame. »Kommt denn Lisa nicht?«

»Ihr ist nicht gut«, antwortet mit klangvoller Stimme die Jüngere.

»Aber das Meer ist doch ruhig...«

»Ach, wenn eine Frau in solchem Zustand ist...«

Der Dicke lächelt und schließt genießerisch die Augen.

Jenseits der Reling schlagen Delphine Purzelbäume und peitschen die ruhige Meeresfläche auf. Der Herr mit dem Backenbart beobachtet sie aufmerksam und erklärt: »Die Delphine sehen aus wie Schweine.«

Der Rothaarige nimmt den Gedanken auf: »Hier gibt es überhaupt allerlei Schweinereien.«

Die farblose Dame hebt die Tasse an die Nase, riecht an dem Kaffee und verzieht angeekelt das Gesicht.

»Widerlich!«

»Und die Milch, was?« unterstützt sie der Dicke und blinzelt erschrocken.

Die Dame mit dem Porzellangesicht flötet: »Und überall ist es so schmutzig, so schmutzig! Und alle haben eine schreckliche Ähnlichkeit mit Juden…«

Der Rothaarige flüstert, die Worte hastig verschlukkend, dem Mann mit dem Backenbart fortwährend etwas ins Ohr, als sage er dem Lehrer eine gutgelernte Lektion auf und sei stolz darauf. Sein Zuhörer ist geschmeichelt und interessiert, er wiegt sacht den Kopf, und der Mund klafft auf seinem flachen Gesicht wie ein Spalt auf einem trockenen Brett. Bisweilen will er etwas sagen, dann beginnt er mit einer eigentümlichen, rauhen Stimme: »Bei mir im Gouvernement…«

Weiter kommt er jedoch nicht, und wieder neigt er den Kopf aufmerksam zu dem Schnurrbart des Rothaarigen.

Der Dicke seufzt tief und sagt: »Wie du brummelst, Iwan…«

»Na – geben Sie mir Kaffee!«

Polternd und schurrend rückt er seinen Stuhl an den Tisch heran, während sein Gesprächspartner bedeutungsvoll meint: »Iwan hat Ideen.«

»Du hast nicht ausgeschlafen«, sagte die ältere Dame, die den Herrn mit dem Backenbart durch die Lorgnette anschaut.

Dieser fährt sich mit der Hand übers Gesicht und betrachtet die Handfläche.

»Mir kommt es vor, als wäre ich mit Puder bedeckt, kommt es dir nicht auch so vor?«

»Ach, Onkel!« ruft die Jüngere. »Das ist doch eine Eigentümlichkeit Italiens! Hier trocknet die Haut fürchterlich aus!«

»Hast du bemerkt, Lydi«, wendet sich die ältere Dame an sie, »was für einen schlechten Zucker sie hier haben?«

Auf das Verdeck tritt ein kräftiger Mann mit lockigen grauen Haaren, er hat eine große Nase, lustige Augen und eine Zigarre im Mund; die an der Reling stehenden Stewards verbeugen sich ehrfurchtsvoll vor ihm.

»Guten Tag, Jungs, guten Tag!« sagt er mit lauter, etwas heiserer Stimme und nickt wohlwollend.

Die Russen verstummen und schielen zu ihm hinüber; der schnauzbärtige Iwan teilt halblaut mit: »Ein verabschiedeter Militär, man sieht es sofort...«

Der Mann mit dem grauen Haar bemerkt die auf ihn gerichteten Blicke, nimmt die Zigarre aus dem Mund und verbeugt sich höflich zu den Russen hin. Die ältere Dame wirft den Kopf zurück, hebt die Lorgnette vor die Augen und mustert ihn herausfordernd; der Mann mit dem Schnurrbart gerät in Verwirrung, wendet sich hastig ab, zieht die Uhr aus der Tasche und läßt sie von neuem in der Luft pendeln. Nur der Dicke erwidert den Gruß, wobei er das Kinn gegen die Brust drückt – das verwirrt den Italiener, er schiebt nervös die Zigarre in den Mundwinkel und fragt halblaut den alten Steward: »Russen?«

»Jawohl, mein Herr! Ein russischer Gouverneur mit seiner Familie...«

»Was sie immer für gütige Gesichter haben...«

»Ein sehr gutes Volk...«

»Die Besten unter den Slawen, natürlich...«

»Ein wenig nachlässig, würde ich sagen...«

»Nachlässig? Wirklich?«

»Es scheint mir so – nachlässig den andern Menschen gegenüber.«

Der dicke Russe errötet und erklärt halblaut, mit breitem Lächeln: »Man spricht über uns...«

»Was?« fragt die ältere Dame und verzieht angewidert das Gesicht.

»Er sagt, wir seien die Besten unter den Slawen«, erwidert der Dicke kichernd.

»Speichellecker sind sie«, erklärt die Dame; der rothaarige Iwan aber steckt die Uhr ein, zwirbelt mit beiden Händen seine Schnurrbartenden und sagt wegwerfend: »Im Verhältnis zu uns sind sie alle erstaunlich unwissend...«

»Man lobt dich«, entgegnet der Dicke, »und du findest, daß es aus Dummheit geschieht...«

»Unsinn! Davon rede ich nicht, sondern im allgemeinen... Ich weiß selbst, daß wir die Besten sind!«

Der Herr mit dem Backenbart, der die ganze Zeit aufmerksam das Spiel der Delphine verfolgt hat, seufzt und bemerkt kopfschüttelnd: »Was für ein dummer Fisch!«

Es treten noch zwei Männer zu dem grauhaarigen Italiener: ein Greis in schwarzem Gehrock und mit Brille und ein langhaariger, bleicher Jüngling mit hoher Stirn und dichten Augenbrauen; sie stellen sich alle drei an die Reling, etwa fünf Schritt von den Russen entfernt, und der Grauhaarige sagt leise: »Wenn ich Russen sehe, denke ich an Messina...«

»Erinnern Sie sich, wie wir in Neapel die russischen Matrosen empfangen haben?« fragt der Jüngling.

»Ja! Die werden diesen Tag zu Haus in ihren Wäldern nicht vergessen!«

»Haben Sie die Ehrenmedaille gesehen?«

»Mir gefällt die Ausführung nicht.«

»Sie sprechen von Messina«, teilt der Dicke den Seinen mit.

»Und dabei lachen sie!« ruft die junge Dame. »Merkwürdig!«

Die Möwen haben den Dampfer erreicht. Eine schwebt, kräftig mit den Flügeln schlagend, über der Reling, und die junge Dame wirft ihr Biskuits zu. Die Vögel schnappen nach den Stücken, stürzen neben der Bordwand in die Tiefe und steigen, gierig schreiend, wieder in die blaue Leere über dem Meer empor. Den Italienern wird Kaffee gebracht, und sie beginnen gleichfalls die Vögel zu füttern, indem sie Biskuits in die Luft werfen. Die Dame runzelt streng die Stirn und meint: »Sind das Affen!«

Der Dicke lauscht dem lebhaften Gespräch der Italiener und berichtet wieder: »Er ist kein Militär, sondern Kaufmann, er spricht vom Getreidehandel mit uns und meint, sie könnten auch Petroleum, Holz und Kohle bei uns kaufen.«

»Ich hab es gleich gesehen, daß er kein Militär ist«, bemerkt die ältere Dame.

Der Rothaarige flüstert wieder dem Herrn mit dem Bakkenbart etwas ins Ohr, dieser hört zu und verzieht skeptisch den Mund; der junge Italiener aber meint, während er zu den Russen hinüberschielt: »Wie schade, daß wir das Land dieser großen, blauäugigen Menschen so wenig kennen!«

Die Sonne steht schon hoch und brennt heftig; das Meer liegt in blendendem Glanz; rechts vom Schiff steigen in der Ferne Berge oder Wolken aus dem Wasser empor.

»Annette«, sagt der Backenbärtige und verzieht grinsend den Mund bis zu den Ohren, »hör doch, was sich dieser spaßige Jean da ausgedacht hat – eine Methode, wie man die Aufrührer in den Dörfern unschädlich macht. Sehr scharfsinnig!«

Er wiegt sich auf dem Stuhl hin und her und erzählt

langsam und monoton, als übersetze er aus einer fremden Sprache: »Er sagt: für die Jahrmarktszeit und auch für die dörflichen Feiertage muß der Semstwo-Vorsitzende eines Ortes auf Staatskosten Knüppel und Steine vorbereiten und dann – gleichfalls auf Staatskosten – den Bauern je nach der Menge der Leute zehn, zwanzig, fünfzig Eimer Wodka hinstellen – mehr ist nicht nötig!«

»Ich verstehe nicht«, erklärt die ältere Dame. »Soll das ein Scherz sein?«

Der Rothaarige fällt schnell ein: »Nein, ich meine es ernst! Überlegen Sie doch, ma tante...«

Die junge Dame sperrt die Augen auf und zuckt mit den Schultern.

»Was für ein Unsinn! Den Leuten auf Staatskosten Wodka zu geben, wenn sie schon ohnedies...«

»Nein, warte, Lidija!« ruft der Rothaarige und springt vom Stuhl auf.

Der Backenbärtige lacht lautlos mit weit geöffnetem Mund und wiegt sich hin und her.

»Überleg doch – die Banditen, die es nicht schaffen, sich totzusaufen, werden sich gegenseitig mit den Knüppeln und Steinen totschlagen, klar?«

»Wieso denn gegenseitig?« fragt der Dicke.

»Soll das ein Scherz sein?« erkundigt sich die ältere Dame noch einmal.

Der Rothaarige breitet behend seine kurzen Arme aus und erklärt voll Eifer: »Wenn die Behörden sie zur Ruhe bringen, schreien die Linken von Grausamkeit und Bestialitäten; man muß also eine Methode finden, damit sie sich selbst zur Ruhe bringen, nicht wahr?«

Der Dampfer schlingert plötzlich, die füllige Dame greift erschrocken nach dem Tisch, das Geschirr klirrt, die ältere Dame legt dem Dicken die Hand auf die Schulter und fragt streng: »Was ist los?«

»Wir wenden...«

Immer höher und deutlicher steigen aus dem Wasser die Ufer empor – Hügel und Berge, in Dunst gehüllt und mit Gärten übersät. In den Weinbergen schimmert blaugraues Gestein, in dichten Wolken von Grün verstecken sich weiße Häuser, die Fensterscheiben funkeln in der Sonne, und das Auge kann schon helle Punkte unterscheiden; unmittelbar am Ufer liegt zwischen Felsen versteckt ein kleines Haus, seine Front ist dem Meer zugewandt und von zahllosen grellvioletten Blüten verdeckt, und über dem Haus ergießt sich von einer Felsenterrasse herab eine Flut roter Geranien. Die Farben sind heiter, das Ufer wirkt anheimelnd und gastlich, die sanften Umrisse der Berge laden ein in den Schatten der Gärten.

»Wie eng hier alles ist!« Der Dicke seufzt. Die ältere Dame sieht mit unversöhnlichem Blick erst ihn und dann durch ihre Lorgnette das Ufer an, preßt die schmalen Lippen zusammen und wirft den Kopf zurück.

Auf dem Verdeck stehen schon zahlreiche braungebrannte Menschen in leichter Kleidung, sie unterhalten sich lärmend; die russischen Damen blicken verächtlich auf sie herab wie Königinnen auf ihre Untertanen.

»Wie sie mit den Händen gestikulieren«, sagt die Jüngere. Der Dicke erklärt keuchend: »Das ist so die Eigenart der Sprache, sie ist arm, und man kommt nicht ohne Gesten aus ...«

»Mein Gott! Mein Gott!« seufzt die Ältere auf und fragt dann nach kurzem Nachdenken: »Gibt es in Genua auch viele Museen?«

»Ich glaube, nur drei«, antwortet der Dicke.

»Und der Friedhof?« fragt die Jüngere.

»Campo Santo. Und Kirchen natürlich.«

»Sind die Droschken auch so schlecht wie in Neapel?«

Der Rothaarige und der Backenbärtige sind aufgestanden und an die Reling getreten, sie unterhalten sich dort, einander unterbrechend, mit besorgten Gesichtern.

»Was sagt der Italiener?« fragt die Dame, die ihr üppiges Haar ordnet. Ihre Ellbogen sind spitz, die Ohren groß und gelb wie vertrocknete Blätter. Der Dicke lauscht aufmerksam und ergeben der lebhaften Erzählung des kraushaarigen Italieners.

»Bei den Russen, Signori, gibt es ein sicher sehr altes Gesetz, das den Juden verbietet, Moskau zu besuchen. Das ist offenbar ein Überrest des Despotismus, wissen Sie – Iwan der Schreckliche. Sogar in England hat man viele veraltete Gesetze, die bis heute nicht abgeschafft sind. Vielleicht hat mich jener Jude auch nur belogen, mit einem Wort, er hat aus irgendwelchen Gründen nicht das Recht, Moskau, die alte Stadt der Zaren und der Heiligtümer, zu besuchen...«

»Und bei uns in Rom«, sagt darauf der junge Mann, spöttisch lächelnd, »ist ein Jude Bürgermeister – in Rom, das älter und heiliger ist als Moskau.«

»Und er setzt dem Schneiderpapst ganz schön zu«, wirft der Alte mit der Brille ein und klatscht laut in die Hände.

»Was schreit der Alte?« fragt die Dame und läßt die Hände sinken.

»Irgendeinen Blödsinn. Sie sprechen im neapolitanischen Dialekt...«

»Der Jude kam nach Moskau, er brauchte ein Dach über dem Kopf, also ging er zu einer Prostituierten, Signori, anders konnte er nicht unterkommen – so erzählte er...«

»Ein Märchen!« sagt der Alte nachdrücklich und macht eine abwehrende Handbewegung.

»Offen gestanden, ich denke es auch.«

»Und was war weiter?« fragt der junge Mann.

»Sie lieferte ihn der Polizei aus, aber vorher nahm sie von ihm Geld, als ob er sie wirklich gebraucht hätte...«

»Eine Gemeinheit!« sagt der Alte. »Der Mann hat eine

schmutzige Phantasie, weiter nichts. Ich kenne die Russen von der Universität her, das sind feine Kerle...«

Der dicke Russe wischt sich mit dem Tuch das verschwitzte Gesicht ab und sagt träge und gleichgültig zu den Damen: »Er erzählt eine jüdische Anekdote.«

»Mit solchem Eifer?« Die junge Dame lächelt, während die andere bemerkt: »Diese gestikulierenden Leute mit ihren lärmenden Reden haben trotzdem etwas Langweiliges an sich.«

Am Ufer taucht die Stadt auf; hinter den Hügeln treten die Häuser hervor, rücken immer enger zusammen und bilden eine geschlossene Mauer, die wie aus Elfenbein geschnitzt scheint und die Sonnenstrahlen zurückwirft.

»Genau wie Jalta«, konstatiert die junge Dame und steht auf. »Ich gehe zu Lisa.«

Mit wiegenden Schritten bewegt sie langsam ihren großen, in bläulichen Stoff gehüllten Körper über das Verdeck, und als sie an der Gruppe Italiener vorbeikommt, unterbricht der Grauhaarige seine Erzählung und sagt leise: »Was für schöne Augen.«

Der Alte mit der Brille nickt. »Ja, so muß wahrscheinlich die Basilea ausgesehen haben!«

»Basilea, die Byzantinerin?«

»Ich halte sie für eine Slawin...«

»Sie reden über Lidija«, sagt der Dicke.

»Was?« fragt die Dame. »Sicher Gemeinheiten.«

»Über ihre Augen. Sie loben sie...«

Die Dame zieht eine Grimasse.

Die Messingteile des Dampfers glänzen; schnell und sanft schiebt er sich immer näher an das Ufer heran; man sieht die schwarzen Mauern der Mole, dahinter erheben sich Hunderte von Masten zum Himmel, hier und da hängen grellbunte Flaggenfetzen unbeweglich herab; der schwarze Rauch zergeht in der Luft, Ölgeruch und Kohlenstaub dringen herüber, zusammen mit dem Arbeitslärm des Hafens und dem vielstimmigen Getöse der Großstadt.

Der Dicke bricht plötzlich in Lachen aus.

»Was hast du?« fragt die Dame und kneift die verblichenen grauen Augen zusammen.

»Die Deutschen werden sie zusammenschlagen, bei Gott, Sie werden sehen!«

»Wieso freut dich das?«

»Nur so ...«

Der Backenbärtige blickt zu Boden und fragt den Rothaarigen laut und grammatikalisch exakt: »Würde dir eine derartige Überraschung angenehm sein oder nicht?«

Der Rothaarige zwirbelt wütend seinen Schnurrbart und antwortet nicht.

Der Dampfer fährt ruhiger. Das trübgrüne Wasser plätschert und schlägt gleichsam kläglich schluchzend gegen die weißen Schiffswände; die Marmorhäuser, die hohen Türme, die vergitterten Terrassen spiegeln sich nicht darin wider. Es öffnet sich der mit einer Vielzahl von Schiffen vollgestopfte schwarze Rachen des Hafens.

Freunde

An dem eisernen Tischchen neben der Tür des Restaurants nahm ein Herr in hellem Anzug Platz, er war hager und glattrasiert wie ein Amerikaner und rief träge: »Garçooon...«

Ringsum ist alles dicht besät mit weißen Akazienblüten, wie Gold liegt darauf der Glanz der Sonnenstrahlen, Erde und Himmel sind erfüllt von der stillen Heiterkeit des Frühlings. Kleine Esel mit zottigen Ohren klappern mit ihren Hufen über das Straßenpflaster, schwerfällige Pferde ziehen gemächlich vorbei, die Menschen laufen ohne Eile – man sieht deutlich, alles Lebende möchte so lange wie möglich in der Sonne, an der Luft sein, die vom süßlichen Duft der Akazienblüten erfüllt ist.

Kinder tauchen auf – Herolde des Frühlings; die Sonne läßt ihre Kleidchen in hellen Farben aufleuchten; mit wiegendem Schritt folgen ihnen buntgekleidete Frauen – sie sind an einem Sonnentag ebenso unentbehrlich wie in der Nacht die Sterne.

Der Herr in dem hellen Anzug hat ein sonderbares Aussehen: es scheint, als wäre er sehr schmutzig gewesen und als hätte man ihn erst heute gewaschen, aber so gründlich, daß alles Ausdrucksvolle an ihm für immer abgerieben ist. Er blickt mit verblichenen Augen umher, als zähle er die Sonnenflecken auf den Häusern und auf allem, was sich über die dunkle Straße und die breiten Steinfliesen der Boulevards bewegt. Die welken Lippen sind wie eine Blüte geöffnet, er pfeift leise und sorgfältig eine seltsame, traurige Melodie, die langen Finger der einen weißen Hand trommeln geräuschvoll auf die Tischkante, wobei die Fingernägel matt aufglänzen, in der anderen Hand aber hält er einen gelben Handschuh, mit dem er auf dem Knie den Takt schlägt. Sein Gesicht ist klug und entschlossen, leider verliert es durch die etwas groben, schwerfälligen Züge.

Mit einer ehrfurchtsvollen Verbeugung stellt der Kellner eine Tasse Kaffee, ein Fläschchen grünen Likör und Biskuits vor ihn hin; am Nebentisch nimmt ein breitbrüstiger Mann mit achatfarbenen Augen Platz, Wangen, Hals und Hände sind von Ruß geschwärzt, die ganze Gestalt ist eckig und von stählerner Festigkeit wie ein Teil einer gewaltigen Maschine.

Als sich der Blick des sauber gekleideten Herrn müde auf ihn richtete, erhob er sich ein wenig, berührte mit der Hand den Hut und sagte durch den dichten Schnurrbart: »Guten Tag, Herr Ingenieur!«

»Ach, sind Sie es wieder, Trama!«

»Jawohl, ich bin es, Herr Ingenieur...«

»Man muß sich auf Zwischenfälle gefaßt machen, wie?«

»Wie steht es mit Ihrer Arbeit?«

»Ich glaube, mein Freund«, bemerkte der Ingenieur mit einem feinen Lächeln auf den schmalen Lippen, »man sollte sich nicht bloß mit Fragen unterhalten...«

Sein Gesprächspartner schob den Hut aufs Ohr, lachte laut und ungezwungen und antwortete: »Ja, freilich! Aber, Ehrenwort, ich möchte es so gern wissen...«

Ein scheckiger, struppiger, vor ein Kohlenwägelchen gespannter Esel blieb stehen, er streckte den Hals vor und begann kläglich zu schreien, offenbar aber mißfiel ihm heute seine Stimme, er brach verwirrt beim höchsten Ton ab, schüttelte die zottigen Ohren, ließ den Kopf hängen und lief, mit den Hufen klappernd, weiter.

»Ich warte auf Ihre Maschine mit derselben Ungeduld wie auf ein neues Buch, das mich klüger zu machen verspricht...«

Der Ingenieur schlürfte seinen Kaffee und erwiderte: »Ich verstehe diesen Vergleich nicht ganz...«

»Glauben Sie nicht, daß die Maschine die physische Energie des Menschen ebenso frei macht wie ein gutes Buch seinen Geist?«

»Aha!« sagte der Ingenieur und warf den Kopf zurück. »So meinen Sie das!«

Dann fragte er, während er die leere Tasse auf den Tisch stellte: »Sie werden natürlich wieder zu agitieren beginnen?«

»Ich habe schon begonnen...«

»Wieder Streiks, Unruhen, was?«

Der Angeredete zuckte die Achseln und lächelte nachsichtig. »Wenn es ohne das ginge...«

Eine alte Frau in schwarzem Kleid, die streng aussah wie eine Nonne, bot dem Ingenieur stumm einen Veilchenstrauß an, er nahm zwei, reichte einen davon seinem Gesprächspartner und sagte nachdenklich: »Sie sind ein tüchtiger Kopf, Trama, und es ist wirklich schade, daß Sie Idealist sind...«

»Danke für die Blumen und das Kompliment... Sie sagten: schade?«

»Ja, denn eigentlich sind Sie ein Dichter, und Sie sollten lernen, um ein tüchtiger Ingenieur zu werden...«

Trama lachte leise und zeigte dabei seine weißen Zähne: »Oh, Sie haben recht! Ein Ingenieur ist ein Dichter, davon habe ich mich überzeugt, als ich bei Ihnen arbeitete...«

»Sie sind ein liebenswürdiger Mensch...«

»Und ich dachte: Warum soll der Herr Ingenieur nicht Sozialist werden? Ein Sozialist muß auch ein Dichter sein...«

Beide lachten und schauten sich verständnisvoll an; sie waren so grundverschieden, der eine – ein trockener, nervöser, abgearbeiteter Mann mit verblichenen Augen, der andere – als wäre er gestern erst geschmiedet und noch ohne jeden Schliff.

»Nein, Trama, ich würde es vorziehen, meine eigene Werkstatt zu haben und darin drei Dutzend solcher Prachtkerle wie Sie. Oho, dann wollten wir schon was zuwege bringen...«

Er schlug mit den Fingern leicht auf den Tisch und steckte seufzend die Blumen ins Knopfloch.

»Weiß der Teufel«, rief Trama erregt aus, »was für Nichtigkeiten uns hindern, zu leben und zu arbeiten...«

»Nennen Sie etwa die Geschichte der Menschheit eine Nichtigkeit, Meister Trama?« bemerkte der Ingenieur mit feinem Lächeln.

Der Arbeiter riß den Hut herunter, schwenkte ihn hoch und versetzte lebhaft und leidenschaftlich: »Ja, was ist das denn, die Geschichte meiner Vorfahren?«

»Ihrer Vorfahren?« wiederholte der Ingenieur und unterstrich das erste Wort durch ein noch spitzeres Lächeln.

»Ja, meiner Vorfahren! Ist das etwa eine Anmaßung? Meinetwegen! Aber warum sollten Giordano Bruno, Vico und Mazzini nicht meine Vorfahren sein – lebe ich nicht in ihrer Welt, genieße ich nicht, was ihr großer Geist ringsum gesät hat?«

»Ach, so haben Sie das gemeint!«

»Alles, was unsere Vorfahren der Welt gegeben haben, gehört auch mir!«

»Natürlich«, sagte der Ingenieur und runzelte ernst die Brauen.

»Alles, was vor mir, was vor uns geschaffen wurde, ist das Erz, aus dem wir den Stahl schmieden müssen. Nicht wahr?«

»Warum nicht? Das ist klar!«

»Denn auch ihr Wissenschaftler lebt ebenso wie wir Arbeiter von den Leistungen der Denker der Vergangenheit.«

»Ich bestreite das nicht«, entgegnete der Ingenieur und senkte den Kopf; neben ihm stand ein Junge in grauen Lumpen, klein wie ein vom Spielen verbeulter Ball; er hielt ein Sträußchen Krokusse in den schmutzigen Händen und wiederholte in einem fort: »Kaufen Sie mir die Blumen ab, Signore...«

»Ich habe schon welche...«

»Blumen hat man nie genug...«

»Bravo, Kleiner, bravo!« rief Trama. »Gib mir auch zwei Sträuße...«

Und als ihm der Junge die Blumen reichte, lüftete er leicht den Hut und bot sie dem Ingenieur an.

»Ist es Ihnen recht?«

»Danke.«

»Ein herrlicher Tag, nicht wahr?«

»Ja, das fühle sogar ich mit meinen fünfzig Jahren...«

Er sah sich nachdenklich um, kniff die Augen zusammen, dann seufzte er.

»Ich glaube, Sie müssen die Frühlingssonne in Ihren Adern besonders stark fühlen, nicht nur, weil Sie jung sind, sondern weil, wie ich sehe, für Sie die ganze Welt anders ist als für mich, nicht wahr?«

»Ich weiß nicht«, sagte Trama lächelnd, »aber das Leben ist schön!«

»Weil es viel verspricht?« fragte der Ingenieur skeptisch, und diese Frage schien seinen Gesprächspartner zu treffen, er stülpte den Hut auf und meinte lebhaft: »Alles im Leben ist schön, was mir gefällt! Hol's der Teufel, mein lieber Ingenieur, für mich sind die Wörter nicht nur Laute und Buchstaben – wenn ich ein Buch lese, wenn ich ein Bild betrachte, wenn ich mich an etwas Schönem freue, so habe ich ein Gefühl, als hätte ich das alles selbst geschaffen!«

Beide lachten, der eine laut und ungezwungen, den Kopf zurückgeworfen und die mächtige Brust vorgewölbt, als prahlte er mit seiner Fähigkeit zu lachen, der andere fast lautlos, glucksend und die Zähne entblößend, in denen viel Gold steckte, als hätte er gerade welches gekaut und vergessen, die grünlichen Zähne zu reinigen.

»Sie sind ein feiner Kerl, Trama, man freut sich immer, Sie zu sehen«, sagte der Ingenieur und fügte augenzwinkernd hinzu: »Wenn Sie nur nicht so aufrührerisch wären...«

»Oh, ich bin immer ein Aufrührer...«

Er machte ein ernstes Gesicht, kniff die großen schwarzen Augen zusammen und fragte: »Ich hoffe, wir haben uns damals völlig korrekt benommen?«

Der Ingenieur stand auf und zuckte mit den Achseln. »O ja, ja! Diese Geschichte – wissen Sie das? – hat den Betrieb siebenunddreißigtausend Lire gekostet...«

»Es wäre vernünftiger gewesen, sie in den Lohn einzubeziehen...«

»Hm! Sie sind ein schlechter Rechner. Vernünftig? Jedes Tier hat seine eigene Vernunft.«

Er reichte dem Arbeiter seine hagere gelbe Hand und erwiderte auf dessen Händedruck: »Ich wiederhole trotzdem, Sie sollten lernen, lernen...«

»Ich lerne in einem fort...«

»Sie könnten ein tüchtiger Ingenieur werden, Sie haben die Phantasie dazu...«

»Oh, die Phantasie hindert mich auch jetzt nicht am Leben.«

»Auf Wiedersehen, Sie Starrkopf...«

Mit seinen langen, dünnen Beinen schritt der Ingenieur langsam unter den Akazienbäumen durch das Netz der Sonnenstrahlen dahin, er zog sorgfältig den Handschuh über die schmalen Finger der rechten Hand.

Der kleine Kellner mit den blauschwarzen Haaren hatte dem Gespräch an der Tür des Restaurants gelauscht, er trat zu dem Arbeiter, der in seinem Geldbeutel nach ein paar Kupfermünzen suchte, und sagte: »Er ist sehr gealtert, unser berühmter...«

»Oh, der steht noch seinen Mann!« rief der Arbeiter mit Überzeugung aus. »Er hat viel Feuer in seinem Schädel...«

»Wo werden Sie das nächste Mal sprechen?«

»Wieder auf der Arbeiterbörse. Haben Sie mich sprechen hören?«

»Dreimal, Genosse...«

Sie drückten sich kräftig die Hand und trennten sich lächelnd; der eine ging in der Richtung davon, die der des Ingenieurs entgegengesetzt war, während der andere, nachdenklich vor sich hin summend, die Tische abzuräumen begann.

Eine Gruppe Schulkinder, Jungen und Mädchen mit weißen Schürzen, kommt auf der Straße vorbeimarschiert, wie Funken versprühen sie nach allen Seiten Lärm und Gelächter, die vorderen zwei blasen laut auf Papiertrompeten, die Akazien überschütten sie sacht mit ihrem weißen Blütenschnee. Immer, und ganz besonders im Frühling, schaut man begierig auf die Kinder und möchte ihnen laut und fröhlich nachrufen: »He, ihr Menschlein! Hoch lebe eure Zukunft...«

Auswanderer

Wenn das Leben einmal so geworden ist, daß der Mensch nicht mehr sein Stück Brot auf der Erde findet, die mit den Gebeinen seiner Vorfahren gedüngt ist, und mit blutendem Herzen notgedrungen nach dem Süden Amerikas auswandert, an die dreißig Tagereisen weit von der Heimat – wenn das Leben so ist, was erwartet ihr dann von diesem Menschen? Was erwartet ihr von ihnen?

Ganz gleich, wer es auch sei – er ist losgerissen wie ein Kind von der Mutterbrust, der Wein der Fremde schmeckt ihm bitter und bringt dem Herzen keine Freude, sondern vergiftet es mit Gram, macht es weich wie einen Schwamm, und gleich einem Schwamm saugt das aus der Brust der Heimat gerissene Herz gierig alles Böse in sich auf und bringt finstere Gefühle hervor.

Bei uns in Kalabrien heiraten die jungen Leute, ehe sie über den Ozean fahren – vielleicht soll durch die Liebe zum Weib die Liebe zur Heimat noch stärker werden, denn zum Weib zieht es uns ebenso wie zur Heimat, und nichts schützt den Menschen in der Fremde besser als die Liebe, die ihn zurückruft in den Schoß der heimatlichen Erde, an die Brust der Geliebten.

Aber diese Hochzeiten der durch Not zur Auswanderung Gezwungenen bilden fast immer den Prolog zu furchtbaren Schicksalsdramen, zu Rache- und Blutakten – und ein solches Drama ereignete sich kürzlich in Senercia, einer an den Ausläufern des Apennins gelegenen Gemeinde.

Diese Geschichte, die einfach und schrecklich ist, als stammte sie aus der Bibel, begann vor fünf Jahren und hat bis jetzt gedauert: Vor fünf Jahren lebte in dem kleinen

Gebirgsdorf Senercia die schöne Emilia Bracco, deren Mann nach Amerika gegangen war; sie wohnte im Haus ihres Schwiegervaters. Sie war eine gesunde, tüchtige Arbeiterin mit einer herrlichen Stimme und heiterem Gemüt, lachte und scherzte gern, und da sie ein wenig mit ihrer Schönheit kokettierte, rief sie bei den Dorfburschen und den Waldhütern aus den Bergen leidenschaftliche Wünsche wach.

Sie trieb mit Worten Scherz, wußte aber ihre Ehre als verheiratete Frau zu wahren, ihr Lachen weckte viele süße Hoffnungen, aber niemand konnte sich rühmen, Emilia überwunden zu haben.

Ihr wißt jedoch: Niemand in der Welt ist so neidisch wie der Teufel und ein altes Weib. Emilia lebte mit ihrer Schwiegermutter zusammen; der Teufel aber ist immer zur Stelle, wo er Unheil anrichten kann.

»Du bist in der Abwesenheit deines Mannes viel zu lustig, meine Liebe«, sagte die Alte, »ich werde ihm das wohl einmal schreiben. Hüte dich, ich beobachte alle deine Schritte, denk daran – deine Ehre ist auch unsere Ehre...«

Anfangs versuchte Emilia ihre Schwiegermutter auf friedliche Weise zu überzeugen, daß sie deren Sohn liebe und sich nichts vorzuwerfen habe. Jene aber beleidigte sie immer häufiger und maßloser mit Verdächtigungen und begann, vom Teufel angespornt, nach allen Richtungen auszustreuen, ihre Schwiegertochter habe jede Scham verloren.

Als Emilia das erfuhr, erschrak sie und flehte die Hexe an, sie nicht mit ihrem Getratsch zugrunde zu richten, sie schwor, daß sie sich nicht im geringsten gegen ihren Mann vergangen habe und nicht einmal im Traum daran denke, ihn zu betrügen, aber die Alte glaubte ihr nicht.

»Ich kenne das«, sagte sie, »ich bin ja auch jung gewesen und weiß, was solche Schwüre wert sind! Nein, ich habe meinem Sohn schon geschrieben, er soll schleunigst zurückkommen und seine Ehre reinwaschen!«

»Du hast geschrieben?« fragte Emilia leise.

»Jawohl.«

»Gut…«

Unsere Männer sind eifersüchtig wie die Araber – Emilia wußte, was sie bei der Rückkehr ihres Mannes zu erwarten hatte.

Am nächsten Tag ging die Alte in den Wald, um Reisig zu sammeln, Emilia aber folgte ihr; unter dem Rock hielt sie eine Axt versteckt.

Die junge Frau ging danach selbst zu den Karabinieri und sagte, sie habe ihre Schwiegermutter getötet.

»Besser eine Mörderin sein als für ehrlos gelten, wenn die Ehre rein ist«, meinte sie.

Das Gericht über Emilia wurde ein Triumph für sie: fast alle Bewohner von Senercia traten als Zeugen für sie auf, und viele sagten mit Tränen in den Augen zu den Richtern: »Sie ist unschuldig, sie geht schuldlos zugrunde.«

Als einziger entschloß sich Seine Ehrwürden der Erzbischof Cozzi, seine Stimme gegen die Unglückliche zu erheben; er wollte nicht an ihre Unschuld glauben, sprach von der Notwendigkeit, die alten Traditionen im Volke zu wahren, warnte die Leute, nicht in den Fehler der Griechen zu verfallen, die Phryne freigesprochen hatten, weil das verdorbene Weib sie durch seine Schönheit bezaubert hatte, er sagte alles, was er zu sagen verpflichtet war, und vielleicht war es ihm zu verdanken, daß Emilia zu vier Jahren Gefängnis verurteilt wurde.

Genauso wie Emilias Mann lebte auch Donato Guarnacia, der aus demselben Dorf stammte, jenseits des Ozeans, während sein junges Weib daheim, wie einst Penelope, damit beschäftigt war, freudlos Lebensträume zu spinnen, ohne wirklich zu leben.

Eines Tages – das war vor drei Jahren – erhielt Donato einen Brief von seiner Mutter; sie teilte ihm mit, seine Frau Teresa habe sich seinem Vater – ihrem Mann – hingegeben und lebe mit ihm. Ihr seht: Wieder ein altes Weib und der Teufel im Bunde!

Der junge Guarnacia kaufte sich eine Fahrkarte für den ersten besten Dampfer nach Neapel und erschien eines Tages, wie vom Himmel gefallen, im Elternhaus.

Seine Frau und der Vater taten verwundert, er aber, ein rauher, mißtrauischer Bursche, verhielt sich anfangs ruhig, er wollte sich erst von der Richtigkeit der Beschuldigung überzeugen – er hatte Emilia Braccos Geschichte erfahren; er war sehr herzlich zu seiner Frau, und sie erlebten beide gleichsam von neuem den Honigmond ihrer Liebe, das leidenschaftliche Fest der Jugend.

Die Mutter versuchte ihm Gift ins Ohr zu träufeln, er aber wies sie ab: »Genug! Ich will mich selbst von der Wahrheit deiner Worte überzeugen, störe mich nicht!«

Er wußte, daß man einem Beleidigten nicht glauben darf, und sei es die eigene Mutter.

Fast der halbe Sommer verlief ruhig und friedlich, und vielleicht wäre auch das ganze Leben so verlaufen, hätte nicht der Vater erneut angefangen, die Schwiegertochter zu belästigen, sobald sein Sohn kurze Zeit nicht daheim war. Sie wehrte sich gegen die Zudringlichkeit des lasterhaften Alten, und das erbitterte ihn – zu plötzlich hatte er auf den Genuß des jungen Frauenleibes verzichten müssen, und da beschloß er, sich an ihr zu rächen.

»Du wirst daran zugrunde gehen«, drohte er ihr.

»Du auch«, antwortete sie.

Bei uns macht man nicht viel Worte.

Am Tag darauf sagte der Alte zu dem Sohn: »Weißt du denn auch, daß dein Weib dir untreu gewesen ist?«

Der Sohn erblaßte, blickte ihm gerade in die Augen und fragte: »Habt Ihr Beweise?«

»Jawohl. Die Leute, die ihre Zärtlichkeiten genossen haben, sagten mir, sie habe unten am Leib ein großes Muttermal – das stimmt doch?«

»Gut«, sagte Donato, »da Ihr, mein Vater, mir sagt, sie sei schuldig – wird sie sterben.«

Der Vater nickte schamlos.

»Ganz recht! Lasterhafte Weiber muß man totschlagen.«

»Die Männer auch«, sagte Donato und ging weg.

Er trat vor seine Frau, legte ihr die schweren Hände auf die Schultern...

»Hör zu, ich weiß, daß du mich betrogen hast. Im Namen der Liebe, die vor deinem Verrat und auch danach in uns lebendig war, sag mir – mit wem?«

»Ah«, schrie sie auf, »das hast du nur von deinem verfluchten Vater erfahren können, nur er allein...«

»Er?« fragte der Bauer, und er bekam blutunterlaufene Augen.

»Er nahm mich mit Gewalt, unter Drohungen, aber – soll schon die ganze Wahrheit herauskommen, die ganze...«

Sie hielt inne.

Der Mann schüttelte sie. »Sprich!«

»Ach, ja, ja, ja«, flüsterte das Weib voll Verzweiflung, »wir – er und ich – haben es wie Mann und Frau miteinander gehalten, dreißig-, vierzigmal...«

Donato stürmte ins Haus, ergriff die Flinte und lief aufs Feld hinaus, wohin der Vater gegangen war, dort sagte er ihm alles, was ein Mann dem andern in solch einem Augenblick sagen kann, brachte ihn mit zwei Schüssen um, spie dann auf den Leichnam und zerschmetterte ihm mit dem Kolben den Schädel. Man sagt, er habe noch lange mit dem Toten seinen Spott getrieben – er sei ihm auf den Rücken gesprungen und habe einen Rachetanz auf ihm aufgeführt.

Danach ging er zu seiner Frau, lud das Gewehr und sprach: »Tritt vier Schritt zurück und sprich dein Gebet!«

Sie begann zu weinen und zu bitten, er möge ihr das Leben lassen.

»Nein«, sagte er, »ich handle, wie es die Gerechtigkeit verlangt und wie auch du hättest handeln müssen, wenn ich schuldig gewesen wäre...«

Er schoß sie nieder wie einen Vogel und stellte sich dann selbst den Behörden; als er die Dorfstraße entlangging, machte ihm die Menge Platz, und viele sagten: »Du hast gehandelt wie ein Ehrenmann, Donato...«

Vor Gericht verteidigte er sich mit der finsteren Energie und der hartnäckigen Beredsamkeit einer primitiven Natur.

»Ich nehme mir ein Weib, um aus ihrer und meiner Liebe ein Kind zu haben, in dem wir beide leben sollen, sie und ich! Wenn einer liebt, gibt es weder Vater noch Mutter, nur die Liebe – und sie soll ewig weiterleben. Diejenigen aber, die sie in den Schmutz ziehen – ob Frauen oder Männer –, sollen verflucht sein zu Unfruchtbarkeit, furchtbaren Krankheiten und einem qualvollen Tod...«

Die Verteidigung forderte von den Geschworenen, die Tat als Totschlag anzusehen, begangen im Jähzorn und in der Erregung; aber die Geschworenen sprachen Donato unter dem stürmischen Beifall der Anwesenden frei – und Donato kehrte mit dem Nimbus eines Helden nach Senercia zurück, man begrüßte ihn als einen Mann, der streng die alte Volksüberlieferung der Blutrache bei Verletzung der Ehre befolgt hatte.

Kurze Zeit nach Donatos Freispruch wurde auch seine Landsmännin Emilia Bracco aus dem Gefängnis entlassen. Es war während der trüben Wintermonate, das Christfest stand bevor; in diesen Tagen haben die Menschen ganz besonders den Wunsch, im Kreise der Ihren, unter dem warmen Dach des eigenen Hauses zu sein, aber Emilia und Donato waren einsam; ihr Ruf war nicht so gut, daß die Leute Achtung für sie empfunden hätten – Mörder bleibt Mörder, er kann Staunen hervorrufen, aber mehr auch nicht, man kann ihn freisprechen, doch wie könnte man ihn lieben? Beide hatten blutige Hände, und ihr Herz war zerrissen, beide hatten das schwere Drama des Gerichts durchlebt – es erschien niemandem in Senercia verwunderlich, daß diese vom Schicksal gezeichneten Menschen Freunde wurden und den Entschluß faßten, einander das zerstörte Leben zu verschönen; sie waren beide jung und sehnten sich nach Zärtlichkeit.

»Was sollen wir hier noch, inmitten der traurigen Erinnerungen an das Geschehene?« fragte Donato Emilia nach den ersten Küssen.

»Wenn mein Mann zurückkommt, schlägt er mich tot, denn jetzt habe ich ihn wirklich in Gedanken betrogen«, sagte Emilia.

Sie beschlossen, über den Ozean auszuwandern, sobald sie nur genug Reisegeld gespart hätten, und vielleicht wäre es ihnen auch gelungen, in der Welt ein wenig Glück und einen stillen Winkel für sich zu finden, doch es gab in ihrer Umgebung Leute, die anders dachten: Wir können einen Mord aus Leidenschaft verzeihen, wir haben einem Verbrechen Beifall geklatscht, das die Ehre rein waschen sollte – aber haben jene Leute jetzt nicht selbst die Traditionen verletzt, in deren Namen sie soviel Blut vergossen haben?

Diese strengen und finsteren Urteile, Nachklänge des rauhen Altertums, ertönten immer lauter und kamen endlich Emilias Mutter, der Serafina Amato, zu Ohren, einer stolzen, kräftigen Frau, die sich trotz ihrer fünfzig Jahre bis heute die Schönheit der Gebirgsbewohnerin bewahrt hat.

Anfangs schenkte sie den Gerüchten, die sie beleidigten, keinen Glauben.

»Das ist Verleumdung«, sagte sie zu den Leuten, »ihr

habt vergessen, was meine Tochter gelitten hat, um ihre Ehre zu schützen.«

»Nein, nicht wir, sondern sie hat das vergessen«, antworteten die Leute.

Da ging Serafina, die in einem anderen Dorf lebte, zu ihrer Tochter und sagte: »Ich will nicht, daß man über dich so redet wie jetzt. Was du damals getan hast, war ehrenhaft und anständig, trotz des vergossenen Blutes, und so soll es bleiben, den Leuten zur Lehre!«

Die Tochter begann zu weinen und sagte: »Die ganze Welt ist für die Menschen da, aber was sollen die Menschen, wenn sie nicht für sich selber da sind?...«

»Frag den Priester, wenn du so dumm bist, daß du es nicht weißt«, antwortete die Mutter.

Dann ging sie zu Donato und warnte auch ihn mit allem Nachdruck: »Laß meine Tochter in Ruhe, sonst geht es dir schlecht!«

»Höre«, bat sie der junge Mann, »ich habe diese Frau, die ebenso unglücklich ist wie ich, auf ewig liebgewonnen! Erlaube mir, daß ich sie von hier fortführe, und alles wird gut werden!«

Mit diesen Worten jedoch goß er nur Öl ins Feuer.

»Ihr wollt fliehen?« schrie Serafina voll Wut und Verzweiflung. »Nein, das wird nicht geschehen!«

Sie brüllten wie Tiere und blickten sich mit den glühenden Augen unversöhnlicher Feinde an, als sie auseinandergingen.

Von diesem Tag an spürte Serafina den Verliebten nach wie ein kluger Hund dem Wild, was indessen die beiden nicht hinderte, sich nachts heimlich zu treffen – denn die Liebe ist ebenso schlau und findig wie das Wild.

Einmal aber gelang es Serafina, ihre Tochter und Guarnacia zu belauschen, während sie ihren Fluchtplan berieten – in diesem schlimmen Augenblick entschloß sie sich zu einer schrecklichen Tat.

Am Sonntag versammelte sich das Volk in der Kirche, um die Messe zu hören; vorn standen die Frauen in bunten Festtagsröcken und Tüchern, hinter ihnen knieten die Männer; auch die beiden Verliebten waren erschienen, um zur Madonna für ihr Schicksal zu beten.

Serafina Amato kam später als alle anderen in die Kirche; auch sie war sonntäglich gekleidet und hatte eine weite, mit bunter Wolle bestickte Schürze um; unter der Schürze aber trug sie eine Axt.

Langsam, mit einem Gebet auf den Lippen, trat sie vor das Bild des Erzengels Michael, des Schutzheiligen von Senercia, beugte vor ihm die Knie, berührte mit ihrer Hand seine Hände und danach ihre Lippen, dann drängte sie sich unbemerkt zu dem auf den Knien liegenden Verführer ihrer Tochter durch und hieb ihm zweimal mit der Axt auf den Kopf, so daß sie eine römische Fünf oder den Buchstaben V hineinschlug, was Vendetta – Rache – bedeutet.

Ein Wirbel des Entsetzens erfaßte die Menschen, alle stürzten schreiend und jammernd zum Ausgang, viele sanken bewußtlos zu Boden, viele weinten wie Kinder, während Serafina mit der Axt in der Hand hoch aufgerichtet über dem armen Donato und ihrer bewußtlosen Tochter stand – eine Nemesis des Dorfes, eine Göttin des gerechten Gerichts der Menschen mit geradem Charakter.

So stand sie viele Minuten da, und als die Leute wieder zur Besinnung kamen und sie ergriffen, begann sie laut zu beten und hob in wilder Freude die funkelnden Augen zum Himmel: »Heiliger Michael, ich danke dir! Du warst es, der mir die Kraft gab, die besudelte Ehre einer Frau, meiner Tochter, zu rächen!«

Als sie aber erfuhr, daß Guarnacia noch lebte und auf einem Stuhl in die Apotheke getragen worden war, wo man ihm die entsetzlichen Wunden verband, begann sie zu zittern, verdrehte die von Wahnsinn und Angst erfüllten

Augen und sagte: »Nein, nein, ich glaube an Gott; er wird sterben, dieser Mensch! Ich habe ihm doch sehr schwere Wunden beigebracht, das haben meine Hände gefühlt, und – Gott ist gerecht – dieser Mensch muß sterben!...«

Bald findet die Gerichtsverhandlung gegen diese Frau statt, und man wird sie natürlich streng verurteilen, doch was kann ein Schlag den Menschen lehren, der sich selbst für berechtigt hält, Schläge zu versetzen und Wunden beizubringen? Denn Eisen wird nicht weicher, wenn man es schmiedet.

Das menschliche Gericht sagt zu dem Menschen: »Du bist schuldig!«

Der Mensch antwortet »Ja« oder »Nein«, und alles bleibt so, wie es vorher war.

Im übrigen, meine lieben Signori, muß man sagen, der Mensch soll dort wachsen und sich vermehren, wo der Herrgott ihn hingepflanzt hat und wo die Erde und das Weib ihm ihre Liebe schenken...

Das Meer

Der alte Giovanni Tuba hatte schon in früher Jugend das Festland um des Meeres willen verraten – diese endlose blaue Fläche, bald zärtlich und ruhig wie der Blick eines sanften Mädchens, bald stürmisch und leidenschaftlich wie das Herz einer Frau, diese Weite, die das für die Fische unnütze Sonnenlicht verschlingt und aus der Vereinigung mit dem lebendigen Strahlengold nichts hervorbringt als Schönheit und blendenden Glanz, dieses arglistige Meer, dessen ewiger Gesang unwiderstehlich den Wunsch nach der Ferne wachruft – schon viele hat es der stummen, steinigen Erde entrissen, die vom Himmel so viel Wasser fordert, die so gierig nach der fruchtbringenden Arbeit der Menschen verlangt und so wenig Freude gibt – so wenig!

Schon als Junge hatte Tuba bei der Arbeit im Weinberg, der sich stufenförmig am Abhang hinzog und durch graue Steinmauern abgestützt war, inmitten der tatzenförmigen Feigenblätter und der Oliven mit ihrem feingehämmerten Laub, im dunklen Grün der Apfelsinenbäume und der wirren Granatzweige, im grellen Sonnenlicht, auf der glühenden Erde, inmitten duftender Blumen – schon damals hatte er auf das blaue Auge des Meeres geschaut, mit geweiteten Nasenflügeln und dem Blick eines Menschen, unter dessen Füßen der Boden nicht fest ist, sondern wankt, zergeht und davonschwimmt; angeschaut hatte er es und die salzige Seeluft eingesogen, ein Rausch hatte ihn gepackt, er war zerstreut, träge und unfolgsam geworden, wie alle, die das Meer umstrickt und zu sich ruft, wie alle, die sich dem Meer mit dem Herzen verschrieben haben…

An den Feiertagen aber, in der Frühe, wenn die Sonne eben über den Bergen bei Sorrento aufging und der Himmel rosig schimmerte, als wäre er aus Aprikosenblüten gewebt, jagte Tuba, zottlig wie ein Schäferhund, die Angeln über der Schulter, zum Meer hinunter, von Stein zu Stein springend wie ein Bündel elastischer Muskeln, ganz ohne Knochen – er jagte hinunter, und sein breites, sommersprossiges Gesicht lächelte dem Meere zu, dem Jungen entgegen aber strömte die Morgenluft und mit ihr, den süßen Hauch der erwachenden Blüten verdrängend, der herbe Geruch und das leise Murmeln der Wellen, die sich dort unten an die Felsen klammerten und ihn wie junge Mädchen zu sich lockten...

Nun sitzt er am Rand eines rötlichgrauen Felsens, läßt die bronzefarbenen Beine baumeln und senkt die pflaumengroßen schwarzen Augen in das durchsichtige grünliche Wasser; durch das flüssige Glas erblicken sie eine wunderbare Welt, schöner als alle Märchen: sie sehen den goldroten Seetang auf dem Meeresgrund zwischen den wie mit Teppichen bedeckten Felsenriffen; aus den Wäldern von Seetang kommen buntfarbige »violi« – lebende Blüten des Meeres – geschwommen, wie trunken taucht die »perchio« auf, mit starren Augen, feingezeichneter Nase und einem blauen Fleck auf dem Bauch, dort huschen die goldene »sarpa« und die übermütigen gestreiften »cagni« vorüber; wie lustige Kobolde schießen die schwarzen »guarracini« hin und her; wie silberne Schüsseln blitzen die »sparaglioni«, die »occhiate« und andere Schönheiten der Meerestiefe – wer kennt ihre Zahl! Sie alle sind schlau: ehe sie mit dem runden Maul nach dem ganzen Wurm am Angelhaken schnappen, zupfen sie geschickt mit ihren kleinen Zähnen daran herum – kluge Fische sind das!

Wie Vögel in der Luft schwimmen schnauzbärtige Garnelen in dem hellen, freundlichen Wasser, Einsiedlerkrebse kriechen über die Steine, ihr gemustertes Gehäuse hinter sich herschleppend; sacht bewegen sich blutrote Seesterne, lautlos wiegen sich die Glocken der lilafarbenen Medusen, manchmal steckt eine Muräne ihren bösartigen Kopf mit den scharfen Zähnen unter einem Stein hervor, der bunte, rotgesprenkelte Schlangenleib windet sich heraus – sie gleicht der Hexe im Märchen, nur wirkt sie noch furchtbarer, noch abstoßender; wie ein schmutziger Lappen breitet sich plötzlich der graue Krake im Wasser aus und stürzt raubvogelgleich auf einen Punkt los; und dort schwimmt gemächlich eine Languste, ihre Bartfäden bewegend, die so lang sind wie eine Angelrute aus Bambus; und noch eine Unzahl anderer Wunder lebt in diesem durchsichtigen Wasser, unter einem Himmel, der ebenso klar, aber viel öder ist als das Meer.

Und das Meer atmet, gleichmäßig hebt sich seine blaue Brust; an dem Felsen zu Tubas Füßen plätschern grüne Wellen mit weißen Kronen, sie spielen, schlagen gegen den Stein, glucksen, wollen bis zu den Füßen des Jungen hochspringen – zuweilen gelingt es, er zuckt zusammen, lächelt, und die Wellen freuen sich, lachen, gleiten wie erschrocken vom Gestein zurück, um sich sogleich wieder gegen den Felsen zu stürzen; ein Sonnenstrahl senkt sich tief ins Wasser, durchdringt zärtlich die Brüste der Wellen und bildet einen Trichter hellglänzenden Lichtes – die Seele träumt einen süßen Traum, sie denkt an nichts und will auch nichts begreifen, sie nimmt nur stumm und freudig alles Sichtbare in sich auf, auch in ihr wogen unhörbar lichtdurchflutete Wellen, und sie ist allumfassend, grenzenlos frei wie das Meer.

So verbrachte er die Feiertage, später zog es ihn auch an Werktagen hinaus, denn wenn der Mensch einmal sein Herz an das Meer verloren hat, wird er selbst ein Teil davon, so wie auch das Herz nur ein Teil des lebendigen Menschen ist; und schließlich überließ Tuba sein Stückchen Land dem Bruder und ging mit einer Schar Gleichgesinnter, die es auch in die Ferne zog, an die Küste Siziliens, um Korallen zu fischen – eine schwere, aber herrliche Arbeit: zehnmal am Tag ist man in Gefahr zu ertrinken, aber wieviel Wunderbares sieht man dafür, wenn aus dem blauen Wasser das schwere Netz emportaucht, halbkreisförmig, mit eisernen Zacken um den Rand, und darin, wie Gedanken im Kopf, wimmelnde Lebewesen von verschiedener Form und Farbe, und zwischen ihnen das Geschenk des Meeres, die rötlichen Verästelungen der kostbaren Korallen.

So wurde für alle Zeit dem Land ein Mensch entrissen, den das Meer gefangenhielt; auch die Frauen liebte er nur wie im Traum – kurz und wortlos, er konnte mit ihnen nur über das sprechen, was ihm vertraut war – über die Fische und Korallen, über das Spiel der Wellen, den Eigensinn des Windes und die großen Schiffe, die unbekannten Meeren entgegenfahren; an Land war er zurückhaltend, ging vorsichtig und argwöhnisch umher, blieb zu den Menschen stumm wie ein Fisch, betrachtete alles mit den scharfen Augen des Mannes, der gewohnt ist, tückische Tiefen vor sich zu sehen und ihnen zu mißtrauen, auf dem Meer aber erfaßte ihn eine stille Heiterkeit, er wurde aufmerksam zu den Kameraden und gewandt wie ein Delphin.

Wie gut sich jedoch ein Mensch sein Leben eingerichtet haben mag – es währt nur einige Jahrzehnte. Als der mit Salzwasser durchtränkte Tuba die Achtzig überschritten hatte, gehorchten ihm die vom Rheuma steifen Arme nicht mehr – sie hatten genug gearbeitet; die krumm gewordenen Beine trugen kaum noch den gebeugten Körper, und traurig betrat der von allen Winden durchwehte Greis die Insel und stieg den Berg hinauf zu der Hütte seines Bruders, zu dessen Kindern und Enkeln – Menschen, die viel zu arm waren, um gut zu sein, und jetzt konnte der alte Tuba ihnen nicht mehr wie früher viele schmackhafte Fische bringen.

Dem Alten fiel es schwer, bei diesen Leuten zu leben, sie blickten allzu aufmerksam auf jedes Stück Brot, das er mit seiner krummen braunen Tatze in den zahnlosen Mund schob; bald begriff er, daß er überflüssig war; düster wurde es um seine Seele, das Herz zog sich vor Kummer zusammen; noch tiefer gruben sich die Falten in seine von der Sonne ausgetrocknete Haut, in den Knochen begann ein unbekannter Schmerz zu bohren; tagelang, von morgens bis abends, saß er auf den Steinen vor der Tür der Hütte und blickte mit seinen greisen Augen hinaus auf das leuchtende Meer, wo sein Leben verflossen war, auf das blaue Meer im Sonnenglanz, das schön war wie ein Traum.

Weit war es bis hinunter zum Meer, und es würde für den Alten schwer sein, bis ans Ufer zu gelangen, aber er entschloß sich dennoch, und an einem ruhigen Abend kroch er wie eine verletzte Eidechse über die scharfen Steine bergab; als er die Wellen erreichte, begrüßten sie ihn – freundlicher als die Stimmen der Menschen – mit dem vertrauten Murmeln und dem hellen Plätschern um die toten Felsen des Ufers; dort fiel der Alte – wie man später vermutete – auf die Knie, sah hinauf zum Himmel und in die Ferne, betete kurz und wortlos für die Menschen, die ihm alle fremd geblieben waren, zog seine Lumpen aus und legte diese alte und trotz allem fremde Haut auf die Steine, stieg ins Wasser, schüttelte den grauen Kopf, legte sich auf den Rücken und schwamm, den Blick nach oben gerichtet, hinaus in die Ferne, wo der dunkelblaue Vorhang des Himmels mit seinem Saum den schwarzen Samt der Meereswellen berührt und wo die Sterne so niedrig hängen, daß man sie scheinbar mit Händen greifen kann.

In den stillen Sommernächten ist das Meer ruhig wie

die Seele eines Kindes, das müde ist von den Spielen des Tages; kaum atmend, schlummert es, und gewiß sieht es leuchtende Traumbilder – schwimmt man bei Nacht in seinem schweren und warmen Wasser, dann sprühen unter den Händen blaue Funken, eine blaue Flamme breitet sich ringsum aus, und die Seele des Menschen schmilzt langsam in diesem Feuer, das sanft und zart ist wie das Märchen einer Mutter.

Seine Söhne

In heiliger Ruhe geht die Sonne auf, und von den Felsen der Insel steigt graublauer Nebel empor, gesättigt mit dem süßen Duft der goldgelben Ginsterblüten.

Die Insel inmitten der dunklen, schläfrigen Wasserfläche, unter dem fahlen Himmelsgewölbe, gleicht einem Opferaltar des Sonnengottes.

Eben erst sind die Sterne erloschen, nur die Venus glänzt noch hell, sie entschwindet einsam in den kalten Höhen des trüben Himmels über einer durchsichtigen Schicht Federwolken; diese Wolken, in rosige Farben getaucht, glühen langsam im Feuer des ersten Sonnenstrahls, ihr Abglanz liegt auf dem ruhigen Schoß des Meeres wie Perlmutt, das aus den blauen Tiefen des Wassers emporgestiegen ist.

Die Grashalme und Blütenblätter, schwer vom silbernen Tau, recken sich der Sonne entgegen, die hellen Tropfen hängen an den Spitzen der Halme, werden voller, reißen sich los und fallen auf den Erdboden, der vom heißen Schlaf in Schweiß gebadet ist. Man möchte das leise Klingen beim Aufschlagen der Tropfen hören und ist traurig, daß man es nicht kann.

Die Vögel sind erwacht; sie flattern und singen im Laub der Oliven, den Berg hinauf aber steigen die tiefen Seufzer des Meeres, das die Sonne geweckt hat.

Und dennoch ist es ruhig, die Menschen schlafen noch. In der Morgenfrische ist der Duft der Blüten und Gräser stärker als jedes Geräusch.

Aus dem weißen Häuschen, das ganz von Weingärten umgeben ist wie ein Boot von grünen Wellen, tritt der steinalte, einsame und menschenscheue Ettore Cecco ins Sonnenlicht, er hat lange Affenarme, den kahlen Kopf eines Weisen und ein Gesicht, das die Zeit so mit Runzeln bedeckt hat, daß man fast nicht mehr die Augen sieht.

Langsam hebt er die dunkle, behaarte Hand zur Stirn, blickt lange auf den rötlich gefärbten Himmel und dann rings um sich: Vor ihm ergießt sich über das graulila getönte Gestein der Insel eine breite Flut goldenen und smaragdenen Lichtes in allen Schattierungen, es leuchten rosafarbene, gelbe und rote Blüten; das dunkle Antlitz des Alten zittert in einem gutmütigen Lächeln, er nickt mit dem runden, großen Kopf.

Er steht da, als trüge er eine schwere Last – den Rücken ein wenig gebeugt, die Beine weit gespreizt, um ihn herum aber ist fröhlich der neue Tag erwacht, heller glänzt das Grün der Weinberge, lauter zwitschern die Finken und Zeisige; im Dickicht der Brombeeren, Waldreben und in den Wolfsmilchsträuchern schlagen Wachteln, irgendwo pfeift eine Amsel, elegant und sorglos wie ein Neapolitaner.

Der alte Cecco hebt die langen, müden Arme über den Kopf und streckt sich, als wolle er nach unten fliegen, dem Meer entgegen, das wie Wein in einer Schale vor ihm ruht.

Nachdem er die alten Glieder gereckt hat, läßt er sich auf dem Stein vor der Tür nieder, zieht eine Postkarte aus der Jackentasche, hält sie weit von sich, schaut mit zusammengekniffenen Augen darauf und bewegt lautlos die Lippen. Auf seinem großen, schon lange nicht rasierten und wie mit Silber bedeckten Gesicht liegt jetzt ein neues Lächeln, in dem sich Liebe, Trauer und Stolz eigenartig vereinen.

Auf dem Stück Papier vor ihm sind in blauer Farbe zwei breitschultrige Burschen abgebildet, sie sitzen Schulter an Schulter und lächeln vergnügt, beide sind kraushaarig und haben einen großen Kopf wie der alte Cecco, über ihnen aber steht groß und deutlich gedruckt:

Arturo und Enrico Cecco
zwei edle Kämpfer für die Interessen ihrer Klasse.
Sie organisierten 25 000 Textilarbeiter,
deren Wochenlohn sechs Dollar betrug,
und wurden dafür ins Gefängnis gesperrt.
Ein Hoch den Kämpfern für die soziale Gerechtigkeit!

Der alte Cecco kann nicht lesen, auch ist die Aufschrift in einer fremden Sprache verfaßt, aber er weiß, daß es so geschrieben steht, jedes Wort ist ihm bekannt und gellt und tönt in seinen Ohren wie eine Trompete.

Diese blaue Karte hat dem Alten viel Unruhe und Sorgen bereitet: er erhielt sie vor etwa zwei Monaten und spürte mit seinem väterlichen Instinkt sofort, daß etwas nicht in Ordnung war; werden doch Bilder der Armen nur dann veröffentlicht, wenn diese Leute gegen die Gesetze verstoßen.

Cecco hatte das Stück Papier in die Tasche gesteckt, aber es legte sich wie ein Stein auf sein Herz und bedrückte ihn mit jedem Tag mehr. Wiederholt nahm er sich vor, die Karte dem Priester zu zeigen, doch die Erfahrung eines langen Lebens hatte ihn davon überzeugt, daß die Leute zu Recht sagen: »Möglich, daß der Priester Gott die Wahrheit über die Menschen berichtet, den Menschen aber sagt er sie nie.«

Der erste, den er nach der rätselhaften Bedeutung der Karte fragte, war ein rotblonder Künstler, ein langer, hagerer Ausländer, der oft zu Ceccos Häuschen kam, am geeigneten Platz seine Staffelei aufstellte und sich daneben schlafen legte, den Kopf im quadratischen Schatten des begonnenen Bildes versteckend.

»Signore«, fragte er den Künstler, »was haben diese Leute getan?«

Der Künstler betrachtete die fröhlichen Gesichter der beiden Söhne und sagte: »Wahrscheinlich etwas Lustiges...«

»Was steht hier über sie gedruckt?«

»Das ist Englisch. Außer den Engländern kennt diese Sprache nur Gott und meine Frau, wenn sie in diesem Falle die Wahrheit spricht. In allen anderen Fällen tut sie es nicht...«

Der Künstler war geschwätzig wie ein Zeisig und konnte offenbar über nichts ernsthaft sprechen. Der Alte ging finster von ihm fort und erschien am nächsten Tag bei der Frau des Künstlers, einer dicken Signora – er traf sie im Garten, wo sie in einem weiten, durchsichtigen weißen Kleid in der Hängematte lag, in der Hitze briet und mit ihren blauen Augen verdrossen zum blauen Himmel emporsah.

»Diese Leute sind ins Gefängnis gesperrt«, erklärte sie ihm in gebrochenem Italienisch.

Dem Alten zitterten die Beine, als hätte ein plötzlicher Erdstoß die ganze Insel ins Wanken gebracht, aber er fand dennoch die Kraft zu fragen: »Haben sie gestohlen oder jemanden ermordet?«

»Oh, keineswegs. Sie sind einfach Sozialisten.«

»Was ist das – Sozialisten?«

»Das ist Politik«, sagte die Signora mit ersterbender Stimme und schloß die Augen.

Cecco wußte, daß die Ausländer ein äußerst einfältiges Volk sind, noch dümmer als die Kalabrier, er wollte aber die Wahrheit über seine Söhne erfahren, deshalb blieb er lange neben der Signora stehen und wartete, bis sie wieder die großen, schläfrigen Augen öffnete. Als es endlich soweit war, tippte er mit dem Finger auf die Karte und fragte: »Ist das was Redliches?«

»Ich weiß nicht«, entgegnete sie verärgert. »Ich sagte doch, das ist Politik, verstehst du?«

Nein, er verstand nicht: die Politik machen die Minister und die reichen Leute in Rom, um den Armen die Steuern zu erhöhen. Seine Kinder aber sind Arbeiter, die in Amerika leben, und sie sind prächtige Burschen – wozu sollen sie Politik machen?

Die ganze Nacht saß er da, mit dem Bild seiner Söhne in der Hand – im Mondlicht erschien es schwarz und rief noch finsterere Gedanken hervor. Am folgenden Morgen beschloß er, den Geistlichen zu fragen. Der schwarze Mann in der Soutane entgegnete ihm kurz und streng: »Die Sozialisten sind Menschen, die Gottes Willen leugnen – es genügt, wenn du das weißt.«

Und noch strenger rief er dem Alten nach: »In deinem Alter ist es beschämend, sich für solche Sachen zu interessieren!...«

Gut, daß ich ihm nicht das Bild gezeigt habe, dachte Cecco.

Nach weiteren drei Tagen ging er zum Barbier, einem Stutzer und Windbeutel. Von diesem Burschen, der stark war wie ein junger Esel, hieß es, er verkaufe seine Liebe für Geld an alte Amerikanerinnen, die angeblich hierherkamen, um die Schönheit des Meeres zu genießen, in Wirklichkeit aber Abenteuer mit armen Burschen suchten.

»Allmächtiger!« rief dieser schlechte Mensch, als er die Aufschrift gelesen hatte, und seine Wangen wurden rot vor Freude. »Das sind ja Arturo und Enrico, meine Freunde! Oh, ich beglückwünsche Sie von ganzem Herzen, Vater Ettore, Sie und mich! Nun habe ich noch zwei berühmte Landsleute, kann man nicht stolz darauf sein?«

»Laß das Gerede«, ermahnte ihn der Alte.

Der Barbier aber fuchtelte mit den Händen und schrie: »Das ist ausgezeichnet!«

»Was steht dort über sie gedruckt?«

»Ich kann es nicht lesen, aber ich bin überzeugt, es ist

die Wahrheit. Arme Menschen müssen große Helden sein, damit man endlich die Wahrheit über sie sagt!«

»Sei still, ich bitte dich!« rief Cecco und entfernte sich, wütend mit seinen Holzschuhen über das Pflaster klappernd.

Er ging zu einem russischen Signore, von dem es hieß, er sei ein guter, ehrlicher Mensch. Er trat ein, setzte sich an das Lager, auf dem der Russe langsam dahinsiechte, und fragte: »Was steht hier über diese Leute?«

Der Russe kniff die von der Krankheit verblichenen traurigen Augen zusammen, las mit schwacher Stimme die Aufschrift auf der Karte und lächelte dem Alten freundlich zu, der aber bat ihn: »Signore, Sie sehen, ich bin sehr alt und werde schon bald zu meinem Gott hinübergehen. Wenn mich die Madonna fragt, was ich mit meinen Kindern getan habe, werde ich ihr wahrheitsgemäß und ausführlich erzählen müssen. Das hier auf der Karte sind meine Söhne, ich begreife aber nicht, was sie getan haben und weshalb sie im Gefängnis sind.«

Der Russe riet ihm darauf ganz ernst und schlicht: »Sagen Sie der Madonna, daß Ihre Kinder das Hauptgebot ihres Sohnes richtig verstanden haben: sie lieben ihre Nächsten mit echter Liebe...«

Eine Lüge kann nicht schlicht gesagt werden: sie erfordert laute Worte und viele Ausschmückungen – der Alte glaubte dem Russen und drückte kräftig dessen kleine, nicht an harte Arbeit gewöhnte Hand.

»Es ist also keine Schande für sie, daß sie im Gefängnis sind?«

»Nein«, sagte der Russe. »Sie wissen ja, die Reichen kommen nur dann ins Gefängnis, wenn sie zuviel Böses getan haben und es nicht zu verbergen verstehen, während die Armen in den Kerker kommen, wenn sie auch nur ein wenig Gutes wollen. Sie sind ein glücklicher Vater, das sage ich Ihnen.«

Und noch lange erzählte er mit seiner schwachen Stimme Cecco davon, was die ehrlichen Menschen in diesem Leben zu erreichen versuchen, wie sie die Armut, die Dummheit und all das Furchtbare und Böse besiegen wollen, das durch Dummheit und Armut entsteht...

Die Sonne brennt am Himmel wie eine feurige Blume und sät den Goldstaub ihrer Strahlen auf die grauen Felsbrüste, und aus jedem Spalt im Gestein reckt sich der Sonne gieriges Leben entgegen – smaragdene Gräser und Blumen, blau wie der Himmel. Goldene Funken Sonnenlicht flammen auf und verlöschen in den schweren Tropfen kristallenen Taus.

Der Alte verfolgt aufmerksam, wie alles ringsum das Licht atmet und dessen lebendige Kraft in sich einsaugt, wie die Vögel singen und geschäftig ihre Nester bauen; er denkt an seine Söhne, die jenseits des Ozeans im Gefängnis einer großen Stadt sitzen – das ist schlecht für ihre Gesundheit, wirklich sehr schlecht...

Aber sie sitzen im Gefängnis, weil sie ehrliche Burschen sind, so wie es ihr Vater sein Leben lang war – das ist gut für sie und für ihn.

Das bronzene Antlitz des Alten zerfließt gleichsam in stolzem Lächeln.

»Die Erde ist reich, der Mensch arm, die Sonne ist gut, der Mensch böse. Mein Leben lang dachte ich daran, und obwohl ich es ihnen nicht sagte, haben sie doch die Gedanken des Vaters verstanden. Sechs Dollar in der Woche, das sind vierzig Lire – oho! Sie aber fanden, daß es zuwenig ist, und fünfundzwanzigtausend Gleichgesinnte stimmten ihnen zu: es ist zuwenig für einen Menschen, der gut leben will...«

Der Alte ist überzeugt, daß in seinen Söhnen die verborgenen Gedanken seines Herzens ausgereift sind, und er ist sehr stolz darauf, da er aber weiß, wie wenig die

Menschen an die Märchen glauben, die sie täglich selber schaffen, schweigt er.

Nur bisweilen ist das greise, verständige Herz übervoll von den Gedanken an die Zukunft seiner Kinder, dann biegt der alte Cecco den arbeitsmüden Rücken gerade, wölbt die Brust vor, sammelt seine letzten Kräfte und ruft heiser über das Meer, in die Ferne, zu seinen Kindern: »Vagliooo!...«

Die Sonne aber lächelt und erhebt sich immer höher über das schwere, weiche Wasser des Meeres, und die Leute in den Weinbergen antworten dem Alten: »Oiii!...«

Feiertag

Es ist bald Mitternacht.

Am blauen Himmel über dem kleinen Platz von Capri ziehen tiefhängende Wolken dahin, die Ornamente der Sterne flimmern, der bläuliche Sirius flammt auf und erlischt, aus dem Portal der Kirche dringt dumpfer, brausender Orgelklang, und alles das – die ziehenden Wolken, die flimmernden Sterne, die wandernden Schatten an den Wänden der Häuser und auf dem Pflaster des Platzes – gleicht leiser Musik.

In ihrem feierlichen Rhythmus schwingt der ganze Platz, der an eine Operndekoration erinnert und bald eng und dunkel, bald weit und gespenstisch hell ist.

Über dem Monte Solaro prangt das Sternbild des Orions, den Gipfel des Berges krönt eine üppige weiße Wolke, und der Hang, steil wie eine Wand, ist von Rissen zerfurcht, wie ein uraltes, dunkles, von tiefen Gedanken über die Welt und die Menschen zerquältes Gesicht.

Dort, in sechshundert Meter Höhe, liegen, verhüllt von Wolken, ein kleines verlassenes Kloster und ein Friedhof; auch er ist klein, die Gräber – es sind nicht viele – ähneln Blumenbeeten, und alle Mönche aus diesem Kloster ruhen unter den Blumen. Manchmal schauen die grauen Wände des Klosters aus einer Wolke hervor, als hörten sie zu, was sich da unten tut.

Auf dem Platz laufen lärmend Kinder umher und werfen Schwärmer; krachend und rote Funken sprühend, zucken feurige Schlangen über die Steine hin, eine kühne Hand schleudert hier und da einen angezündeten Schwärmer hoch in die Luft, er zischt und schießt hin und her wie eine aufgescheuchte Fledermaus, die dunklen, quicklebendigen, kleinen Gestalten stieben lachend und schreiend nach allen Seiten auseinander, man hört einen lauten Knall – und eine Sekunde lang werden die Kinder, die sich in die Ecken gedrückt haben, in helles Licht getaucht – fröhlich blitzen Dutzende flinker Augen auf.

Eine Explosion folgt der anderen, fast pausenlos, und übertönt das Lachen, die Ausrufe des Erschreckens und das laute Klappern der Holzschuhe auf der hallenden Lava; Schatten zucken und streben in die Höhe, die Wolken glühen im roten Widerschein, und die alten Wände der Häuser scheinen zu lächeln – sie erinnern sich der Zeit, da die Greise noch Kinder waren, und haben diese geräuschvollen und nicht ganz ungefährlichen Belustigungen der Kinder in der Nacht von Christi Geburt wohl schon hundertmal gesehen.

Kaum aber wird es einen Augenblick still, hört man aufs neue ernst und andächtig die Orgel dröhnen, und tief unten antwortet ihr das Meer mit dem dumpfen Schlagen der Wellen und dem seidigen Rascheln der Uferkiesel.

Der Golf gleicht einer Schale voll dunklem, schäumendem Wein, an deren Rand eine lebende Kette von Edelsteinen funkelt – es sind die Lichter der Städte, es ist das goldene Halsband des Golfs.

Über Neapel liegt ein opalner Feuerschein, er wogt wie ein Nordlicht, Dutzende von Raketen und Platzpatronen dringen in ihn ein, erblühen zu einem Strauß greller Lichter, verharren für einen Augenblick in einer zitternden Wolke von Helligkeit und erlöschen – ein dumpfes Dröhnen dringt nach Capri herüber.

Der ganze Halbkreis des Golfs ist ständig in das schöne Spiel des Feuerscheins getaucht: kalt funkelt der weiße Leuchtturm des Hafens von Neapel, das rote Auge von Capo di Miseno glüht, die Lichter von Procida und am Ufersaum von Ischia gleichen Brillantschnüren, die auf den weichen Samt der Dunkelheit aufgenäht sind.

Herden weißer Wellen ziehen über den Golf, gedämpft dringt durch ihr melodisches Rauschen das Seufzen der fernen Detonationen; immer noch dröhnt die Orgel, immer noch lachen die Kinder, schließlich schlägt die Glocke der Turmuhr überraschend und feierlich viermal, dann zwölfmal.

Die Messe ist zu Ende, die Menge ergießt sich wie bunte Lava durch das Portal der Kirche auf die breiten Stufen der Treppe, und ihr entgegen zucken und züngeln die roten Schlangen. Frauen schreien erschrocken auf, die Jungen lachen nur fröhlich – es ist ihr Fest, und niemand darf ihnen das Spiel mit dem herrlichen Feuer verbieten.

Einen ernsten, feiertäglich gekleideten Erwachsenen zu erschrecken, ihn, diesen Despoten, ein wenig in Sprüngen über den Platz zu jagen, auf der Flucht vor einem zischenden Schwärmer, der seine Schuhe mit Funken übersprüht – das ist ein so wunderbares Vergnügen! Und man erlebt es nur einmal im Jahr...

Die Jungen und Mädchen, die sich in der Geburtsnacht des Kindes, das sie so geliebt hat, als Könige und Herren über das Leben fühlen, zahlen es den Erwachsenen für das Jahr ihrer langweiligen Macht ausgiebig mit den Minuten ihrer fröhlichen Herrschaft heim; die Großen springen schwerfällig umher, weichen dem Feuer aus und bitten gutmütig um Gnade: »Basta! He, ihr Banditen – basta!«

Zampognari eilen herbei – Hirten aus den Abruzzen, Bergbewohner, in kurzen blauen Umhängen, mit breitrandigen Hüten. Die schlanken Beine, die in weißen Wollstrümpfen stecken, sind über Kreuz mit dunklen Riemen geschnürt, zwei Männer haben Dudelsäcke unter dem Umhang, vier halten Schalmeien in der Hand.

Diese Leute kommen jedes Jahr auf die Insel, sie leben hier einen ganzen Monat und preisen tagtäglich Christus und die Madonna mit ihrer seltsamen, schönen Musik.

Es ist rührend, wie sie im Morgengrauen, zu ihren Füßen die Hüte, vor einer Madonnenstatue stehen, verzückt zum gütigen Gesicht der Muttergottes aufblicken und ihr zu Ehren eine unsagbar bewegende Melodie spielen, die einmal treffend »das physische Gottesempfinden« genannt wurde.

Jetzt gehen die Hirten zu der Krippe des Kindes, es liegt im Hause des alten Tischlers Paolino und soll in die Kirche Santa Teresa getragen werden.

Die Kinder stürzen ihnen nach, die enge Gasse verschluckt die dunklen kleinen Gestalten, und einige Minuten ist der Platz fast leer – nur auf den Stufen vor der Kirche steht dichtgedrängt eine Schar Menschen und wartet auf die Prozession; warm und stumm gleiten die Schatten der Wolken über die Mauern der Häuser und über die Köpfe der Menschen hin, als wollten sie sie liebkosen.

Das Meer atmet. In der Dunkelheit zeichnet sich über der schmalsten Stelle der Insel wie eine riesige Schale auf hohem Stiel eine Pinie ab. Hell funkelt der Sirius, die Wolke hat sich vom Monte Solaro gelöst, und deutlich sieht man das kleine verwaiste Kloster am Berghang und davor wie auf Wacht einen einsamen Baum.

Aus der Gasse, über der sich ein Bogen wölbt, ergießen sich wie aus einem Rohr in heiteren Bächen fröhlich die Lieder der Hirten; in ihren Umhängen, ohne Hut und mit ihren Adlernasen gleichen die Hirten riesigen Vögeln, sie kommen musizierend daher, umgeben von einer Schar Kinder mit Stocklaternen; Dutzende von Lichtern schwanken in der Luft, sie beleuchten die rundliche kleine Gestalt des alten Paolino, seinen silbernen Kopf, die blumenübersäte Krippe in seinen Armen und den rosigen Körper des Kindes, das lächelnd die segnenden Händchen hebt.

Der Alte blickt auf diese Puppe aus Terrakotta mit einer Rührung, als sei sie für ihn lebendig, als atme sie und verspreche allen mit Aufgang der Sonne »Frieden auf Erden und den Menschen ein Wohlgefallen«.

Von allen Seiten neigen sich entblößte grauhaarige Köpfe und strenge Gesichter über die Krippe, überall glänzen freundliche Augen. Bengalische Feuer flammen auf, alles Dunkel ist vom Platz gewichen – als wäre es plötzlich Tag geworden. Die Kinder singen, schreien, lachen, auf den Gesichtern der Erwachsenen zeigt sich ein freundliches Lächeln, man könnte glauben, auch sie möchten gern umherspringen und lärmen, fürchten jedoch, in den Augen der Kinder ihr Ansehen als ernste Menschen zu verlieren.

Über der Menge tanzen wie goldene Falter die gelben Flämmchen der Kerzen, oben, am dunkelblauen Himmel, glühen in vielen Farben die Sterne; aus einer anderen Gasse strömt eine zweite Prozession heran, es sind Mädchen mit einer Madonnenstatue, und wieder – Musik und Lichter, fröhliche Rufe und Kinderlachen; man fühlt mit ganzer Seele – das Fest bricht an.

Man bringt das Kind in eine kleine alte Kirche, in der seit langem wegen Baufälligkeit kein Gottesdienst mehr gehalten wird und die das ganze Jahr über leer steht; heute jedoch sind ihre uralten Wände mit Blumen und Palmenblättern, mit goldgelben Zitronen, mit Mandarinen geschmückt, und eine kunstvoll gearbeitete Darstellung von Christi Geburt nimmt fast den ganzen Raum ein.

Aus großen Korkstücken sind Berge, Höhlen, die Stadt Bethlehem und phantastische Burgen auf Bergesgipfeln aufgebaut; eine Straße schlängelt sich die Hänge entlang; auf den Wiesen grasen Schaf- und Ziegenherden; gläserne Wasserfälle glitzern; Gruppen von Hirten blicken zum Himmel, an dem ein goldener Stern flammt, schwebende Engel weisen mit der einen Hand auf den Leitstern, mit der anderen zu der Höhle, in der Maria und Joseph Zuflucht gefunden haben und wo das Kind mit zum Himmel erhobenen Armen in der Krippe liegt. Eine bunte, prächtige Karawane von Weisen und Königen kommt gezogen, über ihr schaukeln an silbernen Fäden Engel mit Palmzweigen und Rosen in den Händen. Da sind langbärtige, in leuchtende Seide gekleidete Magier auf Kamelen, blonde Könige zu Pferde, üppig gelockt und in Brokat gehüllt, krausköpfige Numidier, Araber und Juden und allerlei andere grell und phantastisch gekleidete Figürchen aus Terrakotta – wohl an die hundert müssen es sein.

Um die Krippe herum haben Araber im weißen Burnus bereits ihre Stände eröffnet und verkaufen Waffen, Seide und aus Wachs geformte Süßigkeiten; irgendwelche Leute unbekannter Nationalität handeln mit Wein, Frauen mit Krügen auf den Schultern holen Wasser aus einem Quell, ein Bauer führt einen mit Reisig beladenen Esel, rings um das Kind kniet eine Schar Menschen, und überall spielen Kinder.

All das ist kunstvoll und geschickt angefertigt, kostümiert, bemalt und aufgestellt, und alles scheint zu leben und zu lärmen.

Die Kinder stehen vor dem aufgebauten Bild, das sie schon im vorigen Jahr gesehen haben, betrachten es aufmerksam, und ihre flinken, aufmerksamen Augen erfassen sofort das Neue, das dieses Mal hinzugekommen ist. Sie unterhalten sich über ihre Entdeckungen, streiten sich, lachen und schreien, während die, die all diese schönen Dinge gemacht haben, in der Ecke stehen und befriedigt dem Lob der jungen Kenner lauschen.

Natürlich, sie sind Erwachsene, sind Familienväter und viel zu ernst, um sich für Spielzeug zu begeistern, sie tun, als ginge sie das alles überhaupt nichts an, aber die Kinder, die sehr oft klüger und immer aufrichtiger als die Erwachsenen sind, wissen, daß ein Lob auch den Alten wohltut, und sie geizen nicht damit, die Alten aber streichen sich über den Bart, um ihr befriedigtes, vergnügtes Lächeln zu verbergen.

Hier und da sammeln sich die Kinder zu Gruppen und beraten eifrig – sie bilden »Musikkapellen«; in der Neujahrsnacht werden sie in großen Scharen umherziehen, mit einem Tannenbäumchen und einem Stern, mit altertümlichen Instrumenten bewaffnet, die ohrenbetäubend dröhnen, rasseln und schallen. Zu diesen komischen Klängen singen die Kinder im Chor heidnisch-fröhliche Lieder, die die Poeten des Ortes jedes Jahr eigens für diesen Tag schaffen.

»Guten Beginn für das neue Jahr
der Signora und dem Signore!
Höret euch freundlich an,
was eure kleinen Freunde
euch wünschen im Chore!

Sperrt auf die Ohren und Herzen,
sperrt auf eure Vorratskammern:
Heut ist ein Tag der Freude,
des Frohsinns, kein Tag zum Jammern.

Geboren ward uns der Heiland,
und er war nackt und arm –
es hüllten ihn die Ochsen
in ihren Atem warm.

Er wollte uns befreien
von allem unsrem Barmen
und gab sein ganzes Leben
für uns, die Armen.

So lasset uns denn würdig
dem Andenken Christi genügen,
laßt uns den Tag verbringen
mit möglichst viel Vergnügen!«

Und während die eine »Musikkapelle« der Kinder den heidnisch-ausgelassenen Hymnus singt und tanzend vorüberzieht, wird ihr Gesang von einer anderen mit einem noch fröhlicheren Lied übertönt.

»Erinnert euch, wie sich die Hirten,
die Könige, die Weisen
niederließen auf die Knie,
das Kind in der Krippe zu preisen!«

Dumpf schlägt eine Trommel den Takt dazu, aber irgendein dünnes Pfeifchen hält mit den Kinderstimmen nicht Schritt und hinkt komisch und wie gekränkt hinterdrein...

»Und Herodes, Schuft von König,
vor dem Kind in Ängstesnöten,
gab Befehl, in seinem Reiche
alle Jungen gleich zu töten.

Längst vergangen sind die Zeiten,
er ist tot, wir leben. Staune –
Christ zu Ehren schlacht' man heute
nur noch Hühner und Kapaune!«

Das muntere Tempo des Liedchens reißt auch die Erwachsenen mit; schließlich wälzt sich der massige Fuhrmann Carlo Bombola schwerfällig auf die Kinderschar zu und grölt, rot im Gesicht, die Stimmen der Kinder übertönend:

»Fort für immer alle Sorgen,
fort für immer alle Plagen,
daß wir keine Krankheit kennen,
nicht mehr jammern, nicht mehr klagen!

Siehst du, wie am Himmel leuchten
die Gestirne, wie sie glühn?

Mag so warm und hell das Leben
auch für uns erblühn!...«

Verträumt strahlen die dunklen Augen der Frauen, sie folgen den Kindern; die Fröhlichkeit wird immer größer, die Augen werden immer heiterer; verschmitzt lächeln feiertäglich gekleidete Mädchen den Burschen zu; am Himmel aber verblassen die Sterne. Und irgendwo oben – von einem Dach oder aus einem Fenster – ertönt klangvoll ein unsichtbarer Tenor:

»Seid gesund und seid auch fröhlich,
alles andre kommt von selbst!«

Immer lebhafter klingt in der kalten Kirche das Lachen der Kinder, die schönste Musik der Welt. Der Himmel über der Insel wird heller, die Morgenröte naht, langsam verschwinden die Sterne in der blauen Tiefe des Himmels.

Im dunklen Laub der Gärten erglühen die goldenen Kugeln der Apfelsinen, gelbe Zitronen starren wie riesige Eulenaugen aus der Dämmerung. Junge gelbgrüne Triebe hellen die Wipfel der Apfelsinenbäume auf, matt schimmert das silbrige Laub der Oliven, das Flechtwerk der kahlen Weinstöcke schaukelt im Wind.

Die leuchtenden roten Blüten der Nelken und die himbeerfarbenen Rispen des Salbeis lächeln dem Tag entgegen, schwerer Narzissenduft erfüllt die frische Morgenluft und vermischt sich mit dem salzigen Atem des Meeres.

Das Plätschern der Wellen klingt lauter, sie werden durchsichtig, ihre Schaumkronen sind weiß wie Schnee.

Rivalinnen

Mit Recht ist das Sankt-Jakobs-Viertel stolz auf seinen Springbrunnen, an dem schon der unsterbliche Giovanni Boccaccio bei einem heiteren Gespräch sich auszuruhen pflegte und der mehr als einmal auf den Gemälden des berühmten Salvatore Rosa dargestellt ist, eines Freundes von Tommaso Aniello oder Masaniello, wie das Volk ihn nannte, für dessen Freiheit er kämpfte und starb. Auch Masaniello wurde in unserm Viertel geboren.

In unserm Viertel kamen überhaupt viele bedeutende Menschen zur Welt und lebten hier; in früheren Zeiten gab es mehr als heute, und sie fielen auch stärker auf, jetzt aber, da alle in den gleichen Röcken herumlaufen und sich mit Politik befassen, ist es für einen Menschen schwer, andere zu überragen; zudem entfaltet sich die Seele nur mühselig, wenn man sie in Zeitungspapier einwickelt.

Bis zum Sommer des vorigen Jahres war auch die Gemüsehändlerin Nuncia der Stolz des Viertels. Sie war der lustigste Mensch von der ganzen Welt und die schönste Frau in unserm Winkel – über dem die Sonne immer etwas länger steht als über den andern Stadtteilen. Der Springbrunnen ist natürlich auch heute noch derselbe; zwar wird er gelb im Laufe der Zeit, doch die Ausländer werden noch lange seine heitere Anmut bewundern – die Marmorkinder bleiben ewig jung und ermüden nie bei ihren Spielen.

Unsere liebe Nuncia aber starb vorigen Sommer beim Tanz auf der Straße; selten stirbt ein Mensch auf diese Weise, und darum lohnt es schon, davon zu erzählen.

Sie war zu lustig und zu gutherzig, um friedlich mit ihrem Mann leben zu können. Er begriff das lange nicht; er schrie herum, fluchte, fuchtelte mit den Armen, drohte den Leuten mit dem Messer, einmal machte er auch Gebrauch davon und stieß es jemand in die Seite; aber die Polizei liebt solche Späße nicht, und nachdem Stefano einige Zeit im Gefängnis gesessen hatte, wanderte er nach Argentinien aus; Luftwechsel ist sehr gesund für böse Leute.

Mit dreiundzwanzig Jahren wurde Nuncia Witwe, sie hatte ein fünfjähriges Töchterchen zu versorgen, und alles, was sie besaß, waren zwei Esel, ein Gemüsegarten und ein Wägelchen; ein fröhlicher Mensch braucht nicht viel; ihr genügte dies völlig. Sie konnte tüchtig arbeiten, und es gab viele, die gern bereit waren, ihr zu helfen; wenn sie kein Geld hatte, um eine Arbeitsleistung zu bezahlen, so zahlte sie mit ihrem Lachen, ihren Liedern und allem anderen, was stets mehr geschätzt wird als Geld.

Nicht alle Frauen billigten ihren Lebenswandel und natürlich auch nicht alle Männer; doch da sie ein redliches Herz hatte, ließ sie die Verheirateten in Ruhe, ja, es gelang ihr sogar oft, sie mit ihren Frauen zu versöhnen. Sie pflegte zu sagen: »Wer aufhört, eine Frau zu lieben, der versteht nicht zu lieben...«

Der Fischer Arturo Lano, der in seiner Jugend ein Seminar besucht hatte und Priester werden wollte, dann aber den Weg zum Priesterrock und zum Paradies verlor, da er sich auf das Meer, in die Schenken und überall dorthin verirrte, wo es lustig ist, dieser Lano nun, der es meisterhaft verstand, unanständige Lieder zu dichten, sagte ihr einmal: »Du glaubst wohl, die Liebe ist eine ebenso schwere Wissenschaft wie die Theologie?«

Sie erwiderte: »Die Wissenschaften kenne ich nicht, aber deine Lieder – alle.«

Und sie sang ihm, der rund war wie ein Faß, vor:

»Ach, es kam, wie's kommen sollt:
Ach, es war der Frühling,
da die Muttergottes hold
ihren Sohn empfing.«

Da lachte er natürlich, und seine klugen Äuglein verschwanden in den roten, dicken Backen.

So lebte sie froh und zufrieden, vielen eine Freude und allen angenehm; selbst ihre Freundinnen fanden sich mit ihr ab; sie sahen ein, daß der Charakter eines Menschen in seinem Fleisch und Blut ist, und dachten daran, daß selbst die Heiligen sich nicht immer überwinden konnten. Schließlich ist ein Mann kein Gott, und Gott allein ist es gegeben, nicht zu betrügen...

Zehn Jahre lang strahlte Nuncias Stern, sie war von allen als schönste Frau und beste Tänzerin des Viertels anerkannt, und wäre sie noch ein Mädchen gewesen, hätte man sie sicher zur Königin des Marktes gewählt – ohnehin war sie es in den Augen aller. Sogar Ausländern zeigte man sie, und viele von ihnen wollten sich gern mit ihr unter vier Augen unterhalten; darüber lachte sie immer wie toll.

»In welcher Sprache wird sich dieser mit allen Wassern gewaschene Signore mit mir unterhalten?«

»In der Sprache klingender Goldstücke, Dummchen«, redeten ihr solide Leute zu, aber sie antwortete: »Fremden kann ich nur Zwiebeln, Knoblauch und Tomaten verkaufen...«

Es kam vor, daß Leute, die ihr aufrichtig zugetan waren, sie eindringlich zu überzeugen suchten: »Einen Monat, Nuncia, und du bist reich! Überleg es dir gut, denk daran, daß du eine Tochter hast...«

»Nein«, erwiderte sie dann, »ich liebe meinen Körper und kann ihn nicht beleidigen! Ich weiß, man muß nur einmal etwas gegen seinen Willen tun, und schon verliert man für immer die Achtung vor sich selbst...«

»Aber du weigerst dich doch bei anderen nicht!«

»Bei unsern Leuten! Und nur, wenn ich will...«

»Ach, was soll das heißen: unsere Leute?«

Sie wußte es. »Die Menschen, unter denen meine Seele aufgewachsen ist und die sie verstehen...«

Aber trotzdem hatte sie ein Abenteuer mit einem Italienreisenden aus England gehabt, einem höchst eigenartigen, schweigsamen Mann, der jedoch unsere Sprache sehr gut kannte. Er war jung, hatte aber schon graues Haar und eine Narbe quer übers Gesicht; er hatte die Züge eines Räubers und die Augen eines Heiligen. Die einen erzählten, er schriebe Bücher, andere behaupteten, er sei ein Spieler. Sie fuhr sogar mit ihm fort, irgendwohin nach Sizilien, und als sie zurückkam, war sie ganz schmal geworden. Er wird wohl kaum reich gewesen sein – Nuncia brachte weder Geld noch Geschenke mit. Und dann lebte sie wieder unter den Ihrigen, lustig wie immer und allen Freuden zugänglich.

Aber einmal, an einem Feiertag, als alle aus der Kirche kamen, bemerkte jemand verwundert: »Schau einer an! Die Nina sieht ja bald genauso aus wie ihre Mutter!«

Und das war richtig und klar wie ein Maientag: unbemerkt von allen hatte Nuncias Tochter sich zu einem ebenso strahlenden Stern entwickelt wie die Mutter. Sie war erst vierzehn Jahre alt, aber hochgewachsen, hatte üppiges Haar und stolze Augen und wirkte viel älter und schon ganz fraulich. Selbst Nuncia war erstaunt, als sie sie anschaute.

»Heilige Madonna! Willst du denn schöner werden als ich, Nina?«

Lächelnd antwortete das Mädchen: »Nein, nur ebenso wie du, das genügt mir völlig...«

Und da sahen die Leute zum erstenmal im Gesicht dieser fröhlichen Frau einen Schatten von Traurigkeit, und abends sagte sie zu ihren Freundinnen: »So ist nun unser

Leben! Man hat seinen Becher noch nicht zur Hälfte ausgetrunken, und schon streckt sich eine neue Hand danach aus...«

Zuerst war natürlich nicht die geringste Spur einer Nebenbuhlerschaft zwischen der Mutter und Nina zu bemerken. Die Tochter war bescheiden, zurückhaltend, blickte durch die Wimpern auf die Welt und öffnete vor Männern nur ungern den Mund; die Augen der Mutter dagegen brannten immer gieriger, und immer lockender klang ihre Stimme.

In ihrer Nähe flammten die Menschen auf wie Segel in der Morgendämmerung, wenn sie der erste Sonnenstrahl trifft. Und in der Tat: für viele war Nuncia der erste Strahl der Liebe; viele trugen in sich ein Gefühl stiller Dankbarkeit, wenn sie sie auf der Straße neben ihrem kleinen Wagen sahen, schlank wie eine Tanne und mit einer Stimme, die bis zu den Häuserdächern emporflog. Schön war sie auch auf dem Markt, wenn sie vor ihrem leuchtendbunten Gemüsehaufen stand, im Hintergrund die weiße Kirchenwand – es sah aus wie das Bild eines großen Künstlers. Ihr Platz war an der Sankt-Jakobs-Kirche, links von der Treppe; und drei Schritt von dort ist sie auch gestorben. Sie stand da, als wäre sie aus Feuer, wie fröhliche Funken sprühten ihre schlagfertigen Scherze, ihr Lachen und ihre Lieder, von denen sie Tausende kannte, über die Köpfe der Leute.

Sie verstand es, sich so zu kleiden, daß ihre Schönheit gewann, so wie guter Wein in einem guten Glas gewinnt: Je durchsichtiger das Glas, desto besser zeigt es die Seele des Weines; die Farbe ergänzt stets den Geruch und den Geschmack, vervollständigt jenes rote Lied ohne Worte, das wir trinken, um der Seele ein wenig vom Blut der Sonne einzuflößen. Der Wein, o Gott! Die ganze Welt mit ihrem Lärm und Trubel wäre keinen Eselshuf wert, hätte der Mensch nicht die süße Möglichkeit, seine arme Seele mit einem guten Glase roten Weines zu laben, der uns wie das heilige Abendmahl vom bösen Staub der Sünden reinigt und uns lehrt, die Welt, in der es ja wirklich genug Schmutz gibt, zu lieben und ihr zu verzeihen... Schaut nur durch euer Glas auf die Sonne – der Wein wird euch Märchen erzählen...

So steht nun Nuncia in der Sonne und entfacht heitere Gedanken und den Wunsch, ihr zu gefallen; man schämt sich vor einer schönen Frau, ein unscheinbarer Mensch zu sein, und möchte sich stets selbst übertreffen. Viel Gutes hat Nuncia getan, viele Kräfte hat sie erweckt und dem Leben geschenkt. Das Gute entzündet stets den Wunsch nach Besserem.

Ja, aber immer öfter erscheint neben der Mutter die Tochter, zurückhaltend wie eine Nonne oder wie das Messer in der Scheide. Die Männer schauen, vergleichen, und manche begreifen vielleicht, was eine Frau bisweilen fühlt und wie schwer sie es hat.

Die Zeit vergeht, immer schneller werden ihre eiligen, kleinen Schritte. Wie goldene Stäubchen im roten Strahl der Sonne, so flimmern in der Zeit die Menschen auf und verschwinden wieder. Immer öfter zieht Nuncia ihre dichten Brauen zusammen; manchmal beißt sie sich auf die Lippen und blickt die Tochter an wie ein Spieler den andern, wenn er dessen Karten erraten will...

Ein, zwei Jahre vergingen – immer näher kam die Tochter der Mutter, und immer weiter rückte sie von ihr ab. Schon konnten alle sehen, daß die Burschen nicht mehr wußten, wen von den beiden sie freundlicher anschauen sollten, diese oder jene. Und die guten Freundinnen – Freunde und Freundinnen kitzeln gern dort, wo es juckt – fragten: »Na, Nuncia, deine Tochter stellt dich wohl in den Schatten?«

Lachend antwortete dann die Frau: »Große Sterne sieht man auch im Mondenschein...«

Als Mutter war sie stolz auf die Schönheit der Tochter, als Frau mußte sie neidisch auf ihre Jugend sein: Nina hatte sich zwischen sie und die Sonne gestellt – es kränkte die Mutter, im Schatten zu stehen.

Lano dichtete ein neues Lied, dessen erster Vers lautete:

> Wär ich ein Mann, ich würde schon
> die Tochter dazu zwingen,
> wie ich's in ihrem Alter tat,
> ein schönes Kind zur Welt zu bringen...

Nuncia wollte dieses Lied nicht singen. Es ging das Gerücht um, Nina habe schon mehr als einmal zu Nuncia gesagt: »Wir könnten viel besser leben, wenn du vernünftiger wärst.«

Und dann kam der Tag, wo die Tochter zur Mutter sagte: »Mama, du versteckst mich zu sehr vor den Menschen. Ich bin doch kein kleines Kind mehr und will auch etwas vom Leben haben! Du hast viel und lustig gelebt – ist nicht endlich auch für mich die Zeit gekommen?«

»Was ist denn los?« fragte die Mutter und senkte schuldbewußt die Augen: sie wußte schon, was los war.

Enrico Borbone war aus Australien zurückgekehrt, er war Holzfäller gewesen in diesem wunderbaren Land, wo jeder mit Leichtigkeit eine Menge Geld verdienen kann. Er war gekommen, um sich in der Heimatsonne zu wärmen, und wollte wieder dorthin zurück, wo man freier lebt. Er war sechsunddreißig Jahre alt, war bärtig, stark und lustig, und er konnte wunderbar von seinen Abenteuern, von seinem Leben im Urwald erzählen. Alle hielten dieses Leben für ein Märchen, aber Mutter und Tochter glaubten daran.

»Ich sehe, daß ich Enrico gefalle«, sagte Nina, »du aber spielst mit ihm, machst ihn leichtsinnig, und das stört mich.«

»Ich verstehe«, sagte Nuncia. »Gut, du sollst dich nicht bei der Madonna über deine Mutter beklagen müssen ...«

Und die Frau trat ehrlich von jenem Mann zurück, der ihr – das sahen alle – lieber war als viele andere.

Doch bekanntlich macht ein leichter Sieg den Sieger hochmütig, und ist der Sieger dazu noch ein Kind, dann steht es schon ganz schlimm!

Nina benahm sich jetzt ihrer Mutter gegenüber nicht so, wie Nuncia es verdiente, und einmal, am Sankt-Jakobs-Tag, dem Festtag unseres Viertels, als alle lustig und vergnügt waren und Nuncia schon herrlich die Tarantella getanzt hatte, sagte die Tochter zu ihr in Gegenwart aller: »Tanzt du nicht zuviel? Bei deinem Alter ist das sicher nicht gut, du mußt dein Herz schonen ...«

Alle, die diese ungezogenen, aber in freundlichem Ton gesprochenen Worte hörten, verstummten einen Augenblick. Nuncia stemmte die Arme in die schlanken Hüften und rief aufgebracht: »Mein Herz? Du machst dir Sorgen darum? Das ist nett, mein Kind, ich danke dir! Aber wir wollen doch einmal sehen, wessen Herz stärker ist!«

Nach kurzer Überlegung schlug sie vor: »Wir wollen dreimal von hier bis zum Brunnen laufen, hin und zurück, ohne auszuruhen natürlich ...«

Vielen kam dieses Wettrennen der beiden Frauen komisch vor, manche fanden es beschämend und skandalös, aber die meisten betrachteten aus Achtung vor Nuncia ihren Vorschlag scherzhaft und ernst zugleich und zwangen Nina, die Herausforderung der Mutter anzunehmen.

Man wählte Richter, setzte die Höchstgeschwindigkeit fest – alles, wie bei einem Pferderennen, genau und ausführlich. Es gab viele Frauen und Männer, die der Mutter aufrichtig den Sieg wünschten, sie segneten und zur Madonna beteten, sie möge Nuncia helfen und ihr genügend Kraft geben.

Nun standen also Mutter und Tochter nebeneinander,

ohne sich anzublicken, es dröhnte ein dumpfer Schlag auf das Tamburin, und beide stürzten davon. Wie zwei große weiße Vögel flogen sie die Straße entlang auf den Marktplatz zu, die Mutter in einem roten Kopftuch, die Tochter in einem hellblauen.

Schon nach wenigen Minuten war klar, daß die Tochter der Mutter an Leichtigkeit und Kraft nicht gleichkam; Nuncia lief so behend und schön, als trüge die Erde sie wie eine Mutter ihr Kind; die Menschen begannen aus den Fenstern und von den Gehsteigen Blumen vor ihre Füße zu werfen, sie klatschten Beifall und feuerten sie durch Zurufe an. Als sie die Strecke zweimal gelaufen waren, hatte sie schon einen Vorsprung von über vier Minuten. Zerschlagen und tief gekränkt durch den Mißerfolg, in Tränen und ganz außer Atem sank Nina auf die Stufen der Kirchentreppe, sie war nicht imstande, ein drittes Mal zu laufen.

Frisch und munter wie eine Katze beugte sich Nuncia über sie, mit vielen andern lachend.

»Mein Kind«, sagte sie, während sie mit ihrer kraftvollen Hand das aufgelöste Haar des Mädchens streichelte, »mein Kind, du mußt wissen, das stärkste Herz beim Vergnügen, bei der Arbeit und in der Liebe ist das Herz der Frau, die das Leben kennt, und das Leben wirst du erst kennen, wenn du schon weit über Dreißig bist... Mein Kind, nimm's dir nicht zu Herzen!«

Und ohne sich nach dem Lauf auszuruhen, wollte Nuncia wieder die Tarantella tanzen.

»Wer hat Lust?«

Enrico trat hervor, nahm den Hut ab, verneigte sich tief vor dieser prächtigen Frau und hielt den Kopf lange gesenkt.

Unter den summenden, brummenden Schlägen des Tamburins flammte der feurige Tanz auf, berauschend wie alter, starker, dunkler Wein; wie eine Schlange drehte und wand sich Nuncia, sie erfaßte diesen Tanz der Leidenschaft in seiner ganzen Tiefe, und es war ein Genuß zu sehen, wie dieser herrliche, unbesiegbare Körper lebte und vibrierte.

Lange tanzte sie und mit vielen. Die Männer wurden müde, sie aber war unersättlich, und Mitternacht war längst vorbei, als sie ausrief: »Na, Enri, noch ein letztes Mal!« – Sie begann von neuem langsam mit ihm zu tanzen, ihre Augen öffneten sich weit, und ihr liebevolles Leuchten versprach viel – plötzlich aber schrie sie kurz auf, schlug die Hände zusammen und stürzte wie gefällt zu Boden.

Der Arzt sagte, sie sei am Herzschlag gestorben.

So war es wohl auch...

Senzamane

Die Insel schläft, in tiefe Stille gehüllt, auch das Meer schläft, als wäre es gestorben – es ist, als hätte jemand mit starker Hand diesen schwarzen, seltsam geformten Stein vom Himmel auf den Golf herabgeworfen und jedes Leben darin getötet.

Wenn man draußen vom Meer, von dort, wo der goldene Bogen der Milchstraße das dunkle Wasser berührt, auf die Insel blickt, so erscheint sie wie ein breitstirniges Tier: Den zottigen Rücken gekrümmt, hat es sich mit seinem riesigen Maul am Meer festgesaugt und trinkt schweigend das ölglatte Wasser.

Diese totenstillen, schwarzen Nächte sind im Dezember sehr häufig; sie sind so seltsam ruhig, daß man einfach flüstern oder halblaut sprechen muß; ständig hat man das Gefühl, ein lauter Ton könne das stören, was da vielleicht im geheimen in der steinernen Stille, unter dem blauen Samt des nächtlichen Himmels heranreift.

Halblaut sprechen auch die beiden Menschen, die an dem steinigen, zerklüfteten Ufer der Insel sitzen; der eine ist ein Soldat vom Zoll in einer schwarzen Jacke mit gelben Bordüren, er trägt ein kurzes Gewehr auf dem Rücken und wacht, daß die Bauern und Fischer nicht das Salz sammeln, das sich in den Ritzen der Steine absetzt; der andere ist ein alter Fischer mit dem dunklen, rasierten Gesicht eines Spaniers, mit einem silberweißen Backenbart, der von den Ohren bis an die Nase reicht; seine Nase ist groß und krumm wie bei einem Papagei.

Die Steine sehen aus wie mit Silber beschlagen, aber es scheint, als hätte das Meer das weiße Metall oxydiert.

Der Soldat ist jung und spricht natürlich von Dingen,

die einen in seinen Jahren am meisten beschäftigen. Der Alte entgegnet nur ungern, bisweilen sogar ärgerlich: »Wer wird denn im Dezember lieben? Um diese Zeit werden schon die Kinder geboren...«

»Na! Wenn man jung ist, wartet man nicht...«

»Man muß warten...«

»Hast du gewartet?«

»Ich bin doch nicht Soldat gewesen, mein Freund, ich habe gearbeitet, und alles, was der Mensch durchmachen muß, habe ich seinerzeit durchgemacht...«

»Ich versteh nicht...«

»Du wirst schon noch verstehen...«

Nicht weit vom Ufer spiegelt sich der hellblaue Sirius im Wasser; wenn man den trüben Lichtfleck auf dem Wasser lange betrachtet, so sieht man dicht daneben eine Korkboje, die rund ist wie ein menschlicher Kopf und unbeweglich daliegt.

»Warum schläfst du nicht?«

Der Greis schlägt seinen schäbigen, vor Alter ganz verschossenen Umhang auf und sagt hüstelnd: »Wir haben doch Netze ausgeworfen. Siehst du die Boje?«

»Aha...«

»Vor drei Tagen wurde das Netz einer Gesellschaft losgerissen, es hat sich verheddert...«

»Delphine?«

»Jetzt im Winter? Aber nein. Vielleicht ein Haifisch, ein Tümmler... wer weiß?«

Unter den Füßen irgendeines Tieres löst sich ein kleiner Stein und rollt raschelnd durch das trockene Gras den Abhang hinab zum Meer, wo er mit hellem Klang im Wasser aufschlägt. Die schweigsame Nacht nimmt dieses kurze Geräusch gut auf und hebt es liebevoll aus ihrer Tiefe hervor, als wollte sie es sich für lange Zeit einprägen.

Der Soldat singt leise ein spöttisches Liedchen:

»Warum mögen alte Leute
  wohl schlecht schlafen?
Errat es mal, Umberto,
  überleg dir's doch! –
Weil sie in den jungen Jahren
zuviel Wein getrunken haben...«

»Das trifft bei mir aber nicht zu«, brummt der Alte.

»Warum schlafen schlecht die Alten?
Nun, Berghito, Schlaukopf, sag es mir! –
Weil sie, als sie jung noch waren,
nicht so liebten, wie sie sollten...

Ein feines Lied, Onkel Pasquale, nicht wahr?«

»Das wirst du ja selber merken, wenn du erst sechzig bist... wozu fragst du da?«

Lange schweigen sie gemeinsam mit der Natur, die in der Nacht stumm geworden ist, dann nimmt der Alte die Pfeife aus dem Mund, klopft sie an einem Stein aus, lauscht den harten, kurzen Schlägen und sagt: »Ihr Jungen könnt gut lachen, aber ich weiß nicht, ob ihr so zu lieben versteht, wie man in alten Zeiten liebte...«

»Ach! Die alte Leier!... Man liebte immer gleich, glaube ich...«

»Du glaubst! Wissen muß man. Dort, hinterm Berg, wohnt die Familie Senzamane. Laß dir mal von ihnen die Geschichte von Großvater Carlo erzählen – das wird deiner Frau sicher nützlich sein.«

»Was soll ich fremde Leute fragen, du kannst mir die Geschichte doch auch erzählen...«

Unsichtbar fliegt ein Nachtvogel vorbei, ein eigenartiges, seltsames Geräusch vibriert in der Luft, als riebe man mit einem Wolltuch eilig trockene Steine ab.

Die Dunkelheit auf der Erde wird immer dichter, feuchter und wärmer, der Himmel wird immer höher, und immer heller funkeln die Sterne im silbernen Nebel der Milchstraße.

»Früher wurden die Frauen viel mehr geschätzt...«

»Ja? Nicht, daß ich wüßte.«

»Die Menschen haben oft Krieg geführt...«

»Da gab es viele Witwen...«

»Und dann die Seeräuber, die Soldaten und fast alle fünf Jahre neue Herrscher in Neapel, da mußte man die Frauen schon hinter Schloß und Riegel halten.«

»Das könnte auch jetzt nichts schaden...«

»Sie wurden geraubt wie die Hühner...«

»Wenn sie auch eher Füchsinnen waren...«

Der Alte verstummt und zündet seine Pfeife an; eine weiße, duftende Rauchwolke hängt in der unbewegten Luft. Das Feuer flammt auf und beleuchtet die krumme, dunkle Nase und den kurzgeschnittenen Schnurrbart darunter.

»Na und weiter?« fragt der Soldat schläfrig.

»Wer zuhört, muß schweigen...«

Der Sirius flimmert und flackert so stark, als wollte der stolze Stern den Glanz aller andern verdunkeln. Das Meer ist mit Goldstaub besät, und dieser kaum merkbare Widerschein des Himmels belebt die schwarze, schweigende Fläche ein wenig und verleiht ihr einen schimmernden, durchsichtigen Glanz. Es ist, als blickten aus der Tiefe des Meeres Tausende phosphoreszierender Augen zum Himmel...

»Ich hör ja zu«, unterbricht der Soldat ungeduldig das gekränkte Schweigen des Fischers, und bedächtig, mit halblauter Stimme, beginnt der Alte von einer Begebenheit zu erzählen, die jeder gern hört:

»Vor hundert Jahren etwa lebten dort auf dem Berg, wo die dichten Kiefern stehen, die Griechen Ekellani. Der bucklige Alte war ein Zauberer und Schmuggler und sein

Sohn Aristido ein Jäger – damals gab es noch Ziegen auf der Insel. Seinerzeit waren die reichste Familie hier bei uns die Gagliardis. Jetzt tragen sie den Beinamen ihres Großvaters Senzamane. Die Hälfte aller Weinberge gehörte ihnen, sie hatten acht Weinkeller und mehr als tausend Fässer. Damals wurde unser Weißwein sogar in Frankreich hochgeschätzt, wo man, wie ich gehört habe, nichts außer Wein zu schätzen versteht. Diese Franzosen sind ja alle Spieler und Trinker. Sie haben sogar den Kopf ihres Königs dem Teufel verspielt...«

Der Soldat lacht leise, und wie als Antwort darauf plätschert ganz in der Nähe das Wasser, beide verstummen und stutzen, die Hälse zum Meer gereckt; vom Ufer breiten sich auf dem Wasser kreisförmig langsam kleine Wellen aus.

»Der Seeteufel probiert den Köder am Haken...«

»Erzähl weiter...«

»Ja... also die Gagliardis. Es waren drei Brüder. Die Geschichte handelt von dem mittleren, Carlone wurde er genannt wegen seines riesigen Mundes und seiner gewaltigen Stimme. Er wählte sich als Herzliebste ein armes Mädchen, Julia, die Tochter des Schmiedes, die sehr klug war – starken Menschen mangelt es ja an Klugheit. Irgend etwas zögerte ihre Heirat hinaus, und sie dachten sehnsüchtig an den Hochzeitstag, aber der Sohn des Griechen war nicht untätig, ihm gefiel Julia auch. Er hatte sich lange um ihre Gunst beworben, doch ohne Erfolg, und beschloß, das Mädchen zu entehren. Er rechnete damit, daß Carlone Gagliardi sie dann verlassen und er leichtes Spiel haben würde. Zu jenen Zeiten war man strenger als heute...«

»N-na, ich weiß ja nicht...«

»Lasterhaftigkeit ist ein Vergnügen der Reichen, wir sind hier alle arm«, sagt der Alte streng; und als riefe er sich selber die Vergangenheit vor Augen, fährt er fort:

»Einmal, als das Mädchen die abgeschnittenen Weinreben sammelte, tat der Sohn des Griechen, der den Pfad oberhalb der Mauer ihres Weinberges entlangging, als wäre er fehlgetreten, stürzte herunter und fiel vor ihre Füße. Als gute Christin beugte sie sich über ihn, um zu sehen, ob er sich verletzt hatte.

Vor Schmerz stöhnend, bat er sie: ›Ruf niemand zur Hilfe, Julia, ich bitte dich! Ich habe Angst, daß dein eifersüchtiger Verlobter mich tötet, wenn er mich neben dir sieht... Laß mich nur ein wenig ausruhen, dann gehe ich...‹

Er legte den Kopf auf ihre Knie und tat so, als verlöre er das Bewußtsein; erschrocken rief sie um Hilfe, aber als Menschen herbeieilten, sprang er, plötzlich kerngesund, doch scheinbar sehr verlegen, auf die Füße, begann von seiner Liebe zu reden, von seinen ehrlichen Absichten, schwur, er würde die Schande des Mädchens durch eine Heirat wiedergutmachen, kurz, er stellte die Sache so dar, als wäre er, durch Julias Liebkosungen ermattet, auf ihren Knien eingeschlafen. Die einfältigen Leute glaubten ihm, trotz des Zornes des Mädchens, sie vergaßen ganz, daß sie ja selbst um Hilfe gerufen hatte; niemand wußte, daß ein Charakterzug des Griechen die Schlauheit ist. Der Teufel hat die Griechen nur getauft, damit sie alle Angelegenheiten der Christen um so besser verwirren können. Das Mädchen schwur, daß der Grieche lüge; aber er redete den Leuten ein, Julia schäme sich, die Wahrheit zu sagen, da sie die schwere Hand Carlones fürchte. Er behielt die Oberhand, und das Mädchen wurde fast wahnsinnig. Man fesselte sie, da sie sich mit einem Stein in der Hand auf die Menschen stürzte, und dann kehrten alle zur Stadt zurück. Carlone, der ihr Schreien schon gehört hatte, eilte ihr entgegen, aber als man ihm sagte, was geschehen war, fiel er mitten in der Menge auf die Knie. Dann sprang er auf, schlug seine Braut mit der linken Hand ins Gesicht und begann mit der rechten den Griechen zu würgen; die Leute konnten ihn kaum losreißen.«

»Dumm war der Bursche«, brummte der Soldat…

»Der Verstand eines ehrlichen Menschen ist in seinem Herzen! Ich habe schon gesagt, daß die Geschichte sich im Winter abspielte, nur wenige Tage vor dem Christfest. Zu diesem Fest schenkt man sich bei uns Wein, Obst, Fisch und Geflügel – alle schenken, und am meisten bekommen natürlich die Ärmeren. Ich weiß nicht mehr, auf welche Weise Carlone die Wahrheit erfuhr, aber jedenfalls erfuhr er sie, und am ersten Feiertag bekamen der Vater und die Mutter Julias, die nicht einmal in die Kirche gegangen waren, nur ein einziges Geschenk: einen kleinen Korb mit Tannenzweigen und darin die abgehackte linke Hand des Carlone Gagliardi, jene Hand, die Julia geschlagen hatte. Alle drei stürzten entsetzt zu ihm, sie trafen ihn auf den Knien vor der Tür seines Hauses, seine Hand war mit einem blutigen Lappen umwickelt, und er weinte wie ein Kind.

›Was hast du dir angetan?‹ fragten sie ihn.

Er erwiderte: ›Ich habe getan, was ich tun mußte: Der Mensch, der meine Liebe mit Schmach bedeckt hat, darf nicht länger leben – ich habe ihn getötet… Die Hand, die meine unschuldige Geliebte geschlagen hat, hat mich mit Schmach bedeckt, ich habe sie abgehauen… Ich bitte dich, Julia, verzeih mir, und auch die Deinigen bitte ich…‹

Sie verziehen ihm natürlich, aber es gibt ja ein Gesetz, das die Lumpen schützt: Zwei Jahre saß Gagliardi wegen des Griechen im Gefängnis, und es kam den Brüdern teuer zu stehen, Carlone von dort wieder herauszuholen…

Dann heiratete er Julia, und sie lebten beide glücklich bis ins hohe Alter. Sie begründeten eine neue Familie auf der Insel: die Handlosen, die Senzamane…«

Der Alte schweigt und zieht angestrengt an seiner Pfeife.

»Die Geschichte gefällt mir aber nicht«, sagt der Soldat leise. »Dieser dein Carlone ist ja ein Wilder... Das ist doch alles so dumm...«

»Dein Leben wird nach hundert Jahren auch sehr dumm erscheinen«, sagt der Alte nachdrücklich, bläst eine große weiße Rauchwolke in die Dunkelheit und fügt hinzu: »Wenn sich überhaupt jemand daran erinnert, daß du auf der Welt gewesen bist...«

Wieder durchbricht das Plätschern des Wassers die Stille, aber jetzt ist es stark und hastig. Der Alte wirft den Umhang ab, springt auf und verschwindet so schnell, als wäre er in das dunkle Wasser gefallen, das am Ufer mit hellen Punkten übersät ist und sich kräuselt, bläulich wie silberne Fischschuppen.

Ein Abschied

Still schreitet die Nacht in samtenen Gewändern von den Feldern in die Stadt, mit goldenen Lichtern wird sie empfangen.

Zwei Frauen und ein junger Mann gehen auf die Felder hinaus, als gingen sie der anbrechenden Nacht entgegen; langsam verklingen hinter ihnen die Geräusche des von der Tagesarbeit ermüdeten Lebens.

Leise schlufen drei Paar Füße über die dunklen Steinplatten der alten Straße, die von Roms fremdstämmigen Sklaven einst gepflastert wurde; durch die warme Stille tönt freundlich und überzeugend eine Frauenstimme: »Sei nicht hart zu den Menschen …«

»Findest du denn, Mutter, daß ich es bin?« fragt der junge Mann nachdenklich.

»Du streitest zu heiß …«

»Weil ich meine Wahrheit heiß liebe …«

An der linken Seite des jungen Mannes geht ein Mädchen, ihre Holzschuhe klappern über die Steine, sie hat das Gesicht wie eine Blinde zum Himmel gewandt, dort oben leuchtet der große Abendstern, darunter ein Streifen Abendröte, und wie nicht entzündete Fackeln zeichnen sich zwei Pappeln vor dem Rot ab.

»Sozialisten sperrt man oft ins Gefängnis«, sagt die Mutter seufzend.

Der Sohn erwidert ruhig: »Das wird man bleibenlassen! Es ist doch zwecklos …«

»Ja, aber bis dahin …«

»Es gibt und wird keine Gewalt geben, die das junge Herz der Welt töten könnte …«

»Das sind Worte für ein Lied, mein Junge …«

»Millionen Stimmen singen dieses Lied, und immer aufmerksamer hört alles Leben darauf... Schau: hättest du mich oder Paolo etwa früher so lieb und geduldig angehört wie du es jetzt tust?«

»Ja! Ja... aber jetzt hat dich der Streik gezwungen, die Heimatstadt zu verlassen...«

»Sie ist zu klein für zwei, soll Paolo hierbleiben! Aber den Streik haben wir gewonnen...«

»Gewonnen!« wiederholt das Mädchen mit klangvoller Stimme. »Du und Paolo...«

Sie bricht den Satz ab und lacht leise, und für kurze Zeit gehen alle schweigend weiter. Vor ihnen erhebt sich allmählich ein dunkler Hügel – die Ruinen eines Gebäudes –, darüber breitet ein duftender Eukalyptusbaum träumend seine zarten Zweige, und als die drei den Baum erreicht haben, scheint es, als erbebten die Zweige sacht.

»Da ist Paolo«, sagt das Mädchen.

Eine dunkle, hochgewachsene Gestalt hat sich von den Ruinen gelöst und steht mitten auf dem Weg.

»Du hast ihn wohl mit dem Herzen gesehen«, fragt der junge Mann lachend.

Wie ein Echo ertönt es vorn: »Gehst du?«

»Ja, hier bringe ich dir die Meinen! Ihr braucht mich nicht weiter zu begleiten, es ist nicht nötig! Ich habe nur fünf Stunden Weg bis Rom, und ich gehe mit Absicht zu Fuß, damit ich unterwegs meine Gedanken sammeln kann...«

Sie sind stehengeblieben. Der Hochgewachsene hat den Hut abgenommen und sagt mit rauher Stimme: »Mach dir keine Sorgen um deine Mutter und deine Schwester, es wird alles gutgehen.«

»Ich weiß. Auf Wiedersehen, Mama!«

Sie schluchzt auf, stöhnt leise, dann hört man drei herzhafte Küsse, und eine männliche Stimme sagt: »Geh nach Hause und ruh dich gut aus, du hast dich in diesen stürmischen Tagen genug aufgeregt! Geh, es wird alles gut werden! Paolo soll dir ein ebenso guter Sohn sein wie ich! Na, Schwesterchen…«

Wieder hört man Küsse und das Scharren von Füßen auf den Steinen – die wachsame nächtliche Stille gibt wie ein Spiegel jeden Laut wider.

Die vier in Dunkelheit gehüllten Gestalten haben sich zu einem großen Körper vereinigt und können sich lange nicht voneinander losreißen. Dann trennen sie sich schweigend: Drei bewegen sich langsam den Lichtern der Stadt entgegen, eine geht mit schnellen Schritten westwärts, wo die Abendröte schon erloschen ist und am blauen Himmel viele helle Sterne funkeln.

»Leb wohl!« erklingt es leise und traurig durch die Nacht.

Aus der Ferne erwidert eine muntere Stimme: »Lebt wohl! Seid nicht traurig, wir sehen uns bald wieder…«

Hart klappern die Holzschuhe des Mädchens; die etwas heisere Stimme spricht tröstende Worte: »Er geht nicht unter, Donna Filomena, daran können Sie glauben wie an die Gnade Ihrer Madonna! Er hat viel Verstand und ein tapferes Herz, er kann selbst lieben und auch andere leicht dazu bewegen, ihn zu lieben… Und die Liebe zu den Menschen, das sind doch die Flügel, auf denen sich der Mensch über alles erhebt…«

Immer reicher sät die Stadt ihre bescheidenen, blassen Lichter in die Dunkelheit; auch die Worte des hochgewachsenen Mannes sprühen wie Funken.

»Wenn der Mensch in seinem Herzen das Wort trägt, das die Welt vereinigt, so findet er überall Menschen, die ihn zu schätzen wissen – überall!«

Dicht an die Stadtmauer gedrängt, kauert eine niedrige weiße Schenke; einladend blickt sie mit dem quadratischen Auge der erleuchteten Tür auf die Vorübergehenden. Vor ihr lärmen an drei kleinen Tischen dunkle Gestalten, die Saiten einer Gitarre stöhnen und nervös zittert die metallische Stimme einer Mandoline.

Als die drei die Tür erreichen, verstummt die Musik, die Stimmen werden leiser, einige Gestalten erheben sich...

»Guten Abend, Genossen!« sagt der Hochgewachsene.

Ein Dutzend Stimmen erwidern in freudigem, kameradschaftlichem Ton: »Guten Abend, Genosse Paolo! Kommst du zu uns? Ein Glas Wein vielleicht?«

»Nein... danke.«

Die Mutter sagt seufzend: »Dich haben die Unsern auch sehr gern.«

»Die Unsern, Donna Filomena?«

»Ach du, lach nicht... Ich bin doch meinem Volk keine Fremde... Alle lieben euch: dich und ihn...«

Der Hochgewachsene faßt das Mädchen unter und sagt: »Alle und – noch eine... Nicht wahr?«

»Ja«, sagt das Mädchen halblaut. »Natürlich...«

Die Mutter beginnt leise zu lachen.

»Ach, Kinder... Wenn man euch so hört und sieht, dann glaubt man wirklich, ihr werdet besser leben als wir...«

Und die drei verschwinden in einer Straße der Stadt, die eng und unansehnlich ist wie der Ärmel eines alten, abgetragenen Kleides...

Haß

Seit dem Morgen rauscht der Regen in Strömen herab, aber gegen Mittag versiegen die Wolken, ihre dunkle Decke wird jetzt durchsichtiger, und der Wind treibt sie, in viele rauchfarbene Fetzen zerrissen, hinaus aufs Meer, dort aber ballt sie sich wieder zu einer blaugrauen Masse zusammen und wirft einen dunklen Schatten auf das vom Regen beschwichtigte Meer.

Im Osten ist der Himmel dunkel, und in der Dunkelheit zucken Blitze, über der Insel aber strahlt in vollem Glanz die herrliche Sonne.

Wenn man von weitem, vom Meer her, auf die Insel schaut, so gleicht sie einer prächtigen Kirche an einem Feiertag: sie strahlt vor Sauberkeit, ist mit bunten Blumen reich geschmückt, und überall glänzen große Regentropfen – sie funkeln wie Topase auf dem jungen gelbgrünen Weinlaub, wie Amethyste auf den Trauben der Glyzinien, wie Rubine auf den Geranien und wie Smaragde überall im Gras, im dichten Grün der Büsche und auf dem Laub der Bäume.

Es ist still, wie immer unmittelbar nach einem Regen; man hört kaum das Murmeln des Baches, der sich unsichtbar zwischen den Steinen und unter den Wurzeln der Wolfsmilch, der Brombeersträucher und der duftenden, wild wuchernden Waldrebe hinschlängelt. Unten rauscht sanft das Meer.

Die goldenen Pfeile des Ginsters ragen hoch empor und wiegen sich leicht unter der Last der Tropfen, die sie lautlos von ihren seltsamen Blüten abschütteln.

Auf sanftig grünem Hintergrund wetteifern die hellvioletten Glyzinien mit den blutroten Geranien und Rosen und der rötlichgelbe Brokat der Wolfsmilch mit dem dunklen Samt der Schwertlilien und Levkojen – alles ist so bunt und hell, man hat das Gefühl, die Blumen singen wie Geigen, Flöten und leidenschaftliche Celli.

Die feuchte Luft ist würzig und betäubend wie alter, starker Wein.

Unter dem grauen Felsen, der durch Sprengungen zerrissen und zerborsten und in den Spalten mit fettglänzendem Eisenoxid überzogen ist, zwischen den gelben und grauen Steinen, die den säuerlichen Geruch des Dynamits ausströmen, sitzen vier Steinbrecher beim Mittagessen; es sind kräftige Männer in durchgeschwitzten Lumpen und in Ledersandalen.

Bedächtig und mit Appetit essen sie aus einer großen Schüssel das feste Fleisch des mit Kartoffeln und Tomaten in Olivenöl gebratenen Tintenfischs und trinken der Reihe nach Rotwein gleich aus der Flasche.

Zwei von ihnen sind rasiert und sehen sich ähnlich wie Brüder, ja sogar wie Zwillinge; der dritte ist klein, einäugig und krummbeinig und erinnert mit den hastigen Bewegungen seines hageren Körpers an einen alten, gerupften Vogel; der vierte ist ein breitschultriger, bärtiger Mensch in mittleren Jahren mit einer Adlernase und stark ergrautem Haar.

Er bricht große Stücke vom Brot ab und glättet damit seinen vom Wein feuchten Schnurrbart, dann steckt er ein Stück in seinen dunklen Mund und sagt, während er gleichmäßig die behaarten Kinnbacken bewegt: »Das sind Märchen, das ist eine Lüge! Ich habe nichts Schlimmes getan …«

Seine braunen Augen unter den buschigen Brauen blikken unlustig, spöttisch; seine Stimme ist heiser und schwer, er redet langsam und widerwillig. Der Hut, das behaarte Räubergesicht, die großen Hände und der blaue

Tuchanzug sind mit weißem Steinmehl bestäubt – offensichtlich bohrt er die Löcher für die Dynamitladungen in den Felsen.

Seine drei Kameraden hören aufmerksam zu, ohne ihn zu unterbrechen, aber sie blicken ihm abwechselnd in die Augen, als wollten sie sagen: »Weiter!...«

Und er erzählt, während er seine ergrauten Brauen bewegt: »Dieser Mensch – er hieß Andrea Grasso – kam wie ein Dieb nachts zu uns ins Dorf; er war gekleidet wie ein Bettler, sein Hut hatte dieselbe Farbe sie seine Schuhe und war ebenso zerrissen. Er war gierig, schamlos und grausam. Sieben Jahre später zogen unsere alten Leute als erste vor ihm den Hut, und er nickte kaum. Und auf vierzig Meilen im Umkreis waren alle seine Schuldner.«

»Solche Leute gibt es«, sagt der Krummbeinige und schüttelt seufzend den Kopf.

Der Erzähler blickt ihn an und fragt spöttisch: »Bist du ihnen schon begegnet?«

Der Alte winkt schweigend ab, die Rasierten lächeln beide zugleich, der mit der Adlernase trinkt einen Schluck Wein und fährt fort, während er den Flug eines Falken am blauen Himmel verfolgt.

»Ich war dreizehn Jahre alt, als er mich und einige andere anstellte – wir sollten Steine für das Haus, das er sich bauen ließ, schleppen. Er ging mit uns erbarmungsloser um als mit seinen Tieren, und als mein Freund Luchino ihm das sagte: antwortete er: ›Der Esel gehört mir, du aber bist mir fremd, warum soll ich dich schonen?‹ Diese Worte trafen mich bis ins Innerste, und ich begann ihn aufmerksamer zu beobachten. Ich sah, daß er alle brutal und zynisch behandelte, ob es ein alter Mann war oder eine Frau, das war ihm gleich. Und wenn ihm ehrbare Leute sagten, das sei schlecht, dann lachte er ihnen ins Gesicht und antwortete: ›Als ich arm war, hat mich auch keiner geschont.‹ Er hielt Freundschaft mit den Priestern, den Karabinieri und der Polizei; die anderen Leute sahen ihn nur in den Tagen ihrer bittersten Not, wenn er mit ihnen machen konnte, was er wollte.«

»Solche Leute gibt es«, wiederholt der Krummbeinige leise, und alle drei blicken ihn teilnahmsvoll an; einer der beiden Rasierten reicht ihm schweigend die Weinflasche, der Alte nimmt sie, hebt sie gegen das Licht und sagt, bevor er sie austrinkt: »Ich trinke auf das heilige Herz der Madonna!«

»Er sagte oft: ›Die Armen arbeiten für die Reichen und die Dummen für die Klugen, und so soll es auch immer sein.‹«

Der Erzähler lächelt und streckt die Hand nach der Flasche aus – sie ist leer. Er wirft sie achtlos auf die Steine, wo die Hämmer und die Spitzhacken herumliegen und ein Stück Zündschnur sich wie eine dunkle Schlange am Boden windet.

»Mir – ich war damals noch jung – und meinen Kameraden war es besonders schmerzlich, solche Worte zu hören: sie zerstörten unsre Hoffnungen und Wünsche auf ein besseres Leben. Einmal nun trafen mein Freund Luchino und ich ihn abends auf dem Feld, als er gemächlich dahinschritt, und wir sagten ihm höflich, aber mit Nachdruck: ›Wir bitten Sie, besser zu den Menschen zu sein.‹«

Die Rasierten beginnen laut zu lachen, auch der Einäugige lächelt ein wenig, und der Erzähler seufzt tief auf.

»Ja, natürlich, es war dumm! Aber die Jugend ist ehrlich. Die Jugend glaubt an die Macht des Wortes. Ich sage euch: die Jugend ist das Gewissen des ganzen Lebens...«

»Na und er?« fragt der Alte.

»Er schrie uns ziemlich mutig an: ›Laßt das Pferd los, ihr Räuber!‹ Und er zog die Pistole und drohte uns beiden. Wir sagten: ›Sie brauchen keine Angst vor uns zu haben, Grasso, Sie haben auch keinen Grund, wütend zu sein, wir geben Ihnen ja nur einen Rat!‹«

»Das ist gut!« sagt einer von den Rasierten, der andere nickt zustimmend; der Krummbeinige preßt die Lippen zusammen und betrachtet einen Stein, den er mit seinem krummen Finger abtastet.

Sie sind mit dem Essen fertig. Der eine schlägt mit einer schlanken Gerte die glasklaren Wassertropfen von den Grashalmen, der andere beobachtet ihn und reinigt sich mit einem dürren Halm die Zähne. Es wird immer trockener und heißer. Immer kürzer werden die Schatten. Das Meer rauscht leise, und langsam geht die ernste Erzählung weiter.

»Diese Begegnung hatte schlimme Folgen für Luchino. Sein Vater und sein Onkel waren Grassos Schuldner. Der arme Luchino magerte ab, er preßte die Zähne zusammen, und seine Augen hatten nicht mehr das, was den Mädchen gefällt. ›Ach‹, sagte er mir einmal, ›das haben wir dumm gemacht. Worte sind nichts wert, wenn man sie einem Wolf sagt!‹ Ich dachte: Luchino ist imstande, ihn umzubringen. Es tat mir leid um den Burschen und seine liebe Familie. Aber ich war ein armer, einsamer Mensch. Damals war gerade meine Mutter gestorben.«

Der Steinbrecher mit der Adlernase glättet mit den von Kalk ganz weißen Händen seinen Bart, auf dem Zeigefinger seiner linken Hand glänzt ein Silberring, der sehr schwer zu sein scheint.

»Meine Tat wäre den Menschen von Nutzen gewesen, hätte ich es verstanden, sie bis zu Ende durchzuführen, aber ich habe ein zu weiches Herz. Als ich einmal Grasso auf der Straße traf, ging ich neben ihm her und sagte ihm so sanft wie möglich: ›Sie sind ein schlechter und habsüchtiger Mensch, es ist schwer für die Leute, mit Ihnen auszukommen. Sie brauchen nur jemanden anzustoßen, schon wird er nach dem Messer greifen. Ich sage Ihnen: Verlassen Sie uns, gehen Sie fort.‹ – ›Du bist dumm, mein Kleiner!‹ sagte er, aber ich blieb hartnäckig. Er fragte lachend:

›Wieviel soll ich dir geben, damit du mich in Ruhe läßt – genügt dir eine Lira?‹ Das war kränkend, aber ich beherrschte mich. ›Ich sage Ihnen, gehen Sie fort!‹ Ich ging neben ihm, an seiner linken Seite. Er zog unbemerkt das Messer und stieß zu. Aber mit der linken Hand kann man nicht viel ausrichten, und so drang mir das Messer auch nur zolltief in die Brust. Ich schleuderte ihn natürlich zu Boden und trat ihn mit dem Fuß, so wie man es mit Schweinen macht. ›Du gehst also!‹ sagte ich zu ihm, als er auf dem Boden herumkroch.«

Die beiden Rasierten blicken den Erzähler mißtrauisch an, dann senken sie die Augen. Der Krummbeinige sitzt gebückt da und knotet die Lederriemen an seinen Schuhen zusammen.

»Am nächsten Morgen, als ich noch schlief, kamen die Karabineri, sie führten mich zum Marschall, einem Gevatter des Grasso. ›Du bist ein ehrlicher Mensch, Ciro‹, sagte er, ›und du wirst doch nicht abstreiten, daß du diese Nacht Grasso ermorden wolltest.‹ Ich sagte, das sei nicht wahr, aber in solchen Sachen haben sie ihre eigenen Ansichten. Zwei Monate saß ich im Gefängnis, bis zur Gerichtsverhandlung, und dann wurde ich zu einem Jahr und acht Monaten verurteilt. ›Gut‹, sagte ich zu den Richtern, ›aber ich betrachte die Sache noch nicht als abgeschlossen!‹«

Er holt zwischen den Steinen eine noch unangebrochene Flasche hervor, steckt ihren Hals zwischen seinen Schnurrbart und trinkt in langen Zügen den Wein; sein behaarter Adamsapfel bewegt sich gierig, sein Bart sträubt sich. Streng und schweigend beobachten ihn drei Augenpaare.

»Es ist langweilig, davon zu sprechen«, sagt er, reicht dann die Flasche den Kameraden weiter und streicht den bespritzten Bart glatt.

»Als ich ins Dorf zurückkam, wurde mir klar, daß ich

hier nicht bleiben durfte: alle hatten Angst vor mir. Luchino erzählte, das Leben sei im letzten Jahr noch schlimmer geworden. Der arme Kerl sah so trostlos aus wie ein halbverkohlter Baum. So, so, dachte ich – und ging zu diesem Grasso; er erschrak sehr, als er mich sah. ›So‹, sagte ich, ›ich bin zurückgekommen, jetzt mußt du gehen!‹ Er griff nach dem Gewehr und schoß, aber es war nur mit Schrot geladen, für die Vögel, und außerdem schoß er mir in die Beine. Ich fiel nicht einmal hin. ›Wenn du mich auch getötet hättest, ich wäre aus dem Grab zu dir gekommen, ich habe der Madonna geschworen, daß ich dich von hier vertreiben werde. Du bist halsstarrig – ich bin es auch.‹ Wir wurden handgemein, und da brach ich ihm versehentlich den Arm. Ich wollte es nicht, aber er hatte sich als erster auf mich gestürzt. Die Leute liefen zusammen, ich wurde abgeführt. Diesmal saß ich drei Jahre und neun Monate im Gefängnis, und als die Frist abgelaufen war, redete mein Aufseher, der die ganze Geschichte kannte und mich gern hatte, mir sehr zu, nicht wieder nach Hause zurückzukehren, sondern nach Apulien zu seinem Schwager zu gehen und mich bei ihm als Arbeiter zu verdingen; sein Schwager hatte dort viel Land und einen Weinberg. Aber ich konnte von dem Begonnenen natürlich nicht mehr ablassen. Ich kehrte nach Hause zurück mit der festen Absicht, nichts Überflüssiges mehr zu reden, denn ich hatte damals schon eingesehen, daß von zehn Worten neun überflüssig waren. Nur ein Gedanke erfüllt mich: Geh fort! Es war gerade Sonntag, als ich ins Dorf kam; ich ging direkt in die Kirche zur Messe. Grasso war dort, er sah mich sofort, sprang auf und schrie durch die ganze Kirche: ›Dieser Mensch ist gekommen, um mich zu töten, ihr Leute, der Teufel hat ihn nach meiner Seele geschickt!‹. Man umringte mich, ehe ich ihn auch nur berührt hatte, ehe ich ihm hatte sagen können, was ich wollte. Aber es war auch nicht nötig, er stürzte auf die Steinfliesen – der

Schlag hatte ihn getroffen, seine ganze rechte Seite und seine Zunge waren gelähmt. Sieben Wochen später ist er gestorben... Das ist alles. Und die Leute haben über mich so ein Märchen zusammengedichtet... Es ist ganz schrecklich, aber einfach nicht wahr.«

Er lächelt, blickt auf die Sonne und sagt: »Es ist Zeit anzufangen...«

Drei der Männer erheben sich langsam und ohne Eile, und der mit der Adlernase starrt die rotbraunen, fettglänzenden Felsspalten an und wiederholt: »Wir wollen weiterarbeiten...«

Die Sonne steht im Zenit und hat alle Schatten verbrannt.

Die Wolken am Horizont haben sich auf das Meer gesenkt, dessen Wasser noch blauer und noch ruhiger geworden ist.

Pepe

Pepe ist so an die zehn Jahre alt; er ist schmal, zierlich und flink wie eine Eidechse; um seine schmalen Schultern schlottern bunte Lumpen; durch die zahllosen Löcher blickt die von Sonne und Schmutz dunkle Haut.

Er gleicht einem dürren Hälmchen – bläst vom Meer der Wind, trägt er es davon und spielt mit ihm.

Von Sonnenaufgang bis Sonnenuntergang springt Pepe auf den Felsen der Insel umher, und bald hier, bald dort klingt sein unermüdliches Stimmchen:

»O du herrliches Italien,
mein Italien!...«

Ihn beschäftigt alles: die Blumen, die sich in Strömen über die gute Erde ergießen, die Eidechsen zwischen den lila schimmernden Steinen, die Vögel in dem gleichsam ziselierten Blattwerk der Oliven und im malachitgrünen Spitzengeflecht der Weinranken, die Fische in den dunklen Gärten auf dem Meeresgrund und die Ausländer in den engen, winkligen Gassen der Stadt: der dicke Deutsche mit dem vom Säbel zerhackten Gesicht; der Engländer, der immer an einen Schauspieler erinnert, welcher gewohnt ist, die Rolle eines Misanthropen zu spielen; der Amerikaner, der sich hartnäckig, aber vergeblich bemüht, es dem Engländer gleichzutun, und der unnachahmliche Franzose, der lärmt wie eine Kinderklapper.

»Was für ein Gesicht der hat!« sagt Pepe zu seinen Freunden und zeigt mit seinen alles sehenden Augen auf den Deutschen, der so aufgeblasen ist, daß ihm sogar die Haare zu Berge stehen. »Sein Gesicht ist ja so groß wie mein Bauch!«

Pepe mag die Deutschen nicht, er teilt die Gedanken und Stimmungen der Straße, des Marktplatzes, der kleinen, dunklen Läden, in denen die Leute Wein trinken, Karten spielen, die Zeitung lesen und dabei über Politik reden.

»Uns armen Südländern«, sagen sie, »sind die Slawen vom Balkan viel näher und angenehmer als unsere lieben Bundesgenossen, die uns für unsre Freundschaft mit dem Wüstensand Afrikas belohnt haben.«

Immer öfter sagen das die einfachen Menschen des Südens, und Pepe hört und behält alles.

Verdrossen geht der Engländer die Straße entlang, seine Beine sehen aus wie eine Schere. Pepe läuft vor ihm her und trällert etwas aus einer Totenmesse oder ein trauriges Liedchen:

»Mein Freund ist jüngst verstorben,
es trauert meine Frau...
Mir ist ganz unbegreiflich
der Kummer meiner Frau!«

Pepes Freunde kommen hinterher und krümmen sich vor Lachen; sie verstecken sich wie Mäuse im Gebüsch und hinter den Häuserecken, wenn ein ruhiger Blick aus den farblosen Augen des Fremden sie trifft.

Von Pepe kann man viele interessante Geschichten erzählen.

Einmal gab ihm eine Signora den Auftrag, einer Freundin einen Korb mit Äpfeln aus ihrem Garten als Geschenk zu bringen.

»Wirst dir einen Soldo verdienen!« sagte sie. »Das kann dir ja nicht schaden...«

Bereitwillig nahm er der den Korb, stellte ihn sich auf den Kopf und ging weg, kam aber erst am Abend zurück, um sich den Soldo zu holen.

»Du hast dich ja nicht sehr beeilt«, sagte die Frau.

»Aber ich bin trotzdem sehr müde, liebe Signora!« antwortete Pepe und seufzte. »Es waren doch mehr als zehn Stück!«

»In dem vollen Korb? Zehn Äpfel bloß??«

»Zehn Bengel, Signora.«

»Na und die Äpfel?«

»Zuerst die Bengel: Michele, Giovanni...«

Sie wurde wütend, packte ihn an den Schultern und schüttelte ihn. »Antworte gefälligst, hast du die Äpfel hingebracht?«

»Bis zum Marktplatz, Signora! Aber hören Sie doch, wie gut ich mich benommen habe: Zuerst habe ich ihre bösen Späße überhaupt nicht beachtet, ich dachte mir, sollen sie mich ruhig mit einem Esel vergleichen, aus Achtung vor der Signora, vor Ihnen, Signora, laß ich mir alles gefallen. Aber als sie sich dann über meine Mutter lustig machten, sagte ich mir: Na wartet, ihr werdet was erleben. Ich stellte den Korb hin und – gute Signora, Sie hätten sehen müssen, wie geschickt und sicher ich auf diese Räuber zielte, da hätten Sie aber gelacht!«

»Sie haben meinen Korb geplündert?« schrie die Frau.

Pepe antwortete mit einem betrübten Seufzer: »O nein. Aber die Äpfel, die die Jungen nicht trafen, sind an der Mauer zerplatzt, und die anderen haben wir aufgegessen, nachdem ich gesiegt und mit meinen Feinden Frieden geschlossen hatte...«

Die Frau schrie und schimpfte noch lange und lud auf Pepes kahlgeschorenen Kopf alle Flüche und Verwünschungen ab, die sie nur kannte; er hörte aufmerksam und ergeben zu, schnalzte von Zeit zu Zeit mit der Zunge und rief manchmal mit leiser Anerkennung: »Huch, fein gesagt! Das sind aber Worte!«

Und als sie schließlich müde wurde und wegging, rief er ihr nach: »Wirklich, Sie hätten sich nicht so aufgeregt, wenn Sie gesehen hätten, wie fein ich mit den herrlichen

Äpfeln aus Ihrem Garten die dreckigen Köpfe dieser Lausebengel getroffen habe. Ach, wenn Sie das gesehen hätten! Sie hätten mir sicher zwei Soldi statt des versprochenen einen gegeben!«

Die ungeschliffene Frau begriff nicht den bescheidenen Stolz des Siegers – sie drohte ihm nur mit der geballten Faust.

Pepes Schwester – zwar bedeutend älter, aber nicht klüger als er – war seit kurzem Dienstmädchen in der Villa eines reichen Amerikaners; sie mußte dort die Zimmer aufräumen. Sie bekam sehr bald rosige Backen, sah immer sauber gewaschen aus und wurde bei der guten Kost gesund und prall wie eine Birne im August.

Ihr Bruder fragte sie einmal: »Kriegst du jeden Tag zu essen?«

»Zwei- und dreimal, wenn ich mag«, antwortete sie stolz.

»Solltest deine Zähne schonen!« riet ihr Pepe und wurde nachdenklich.

Dann fragte er von neuem: »Ist dein Herr sehr reich?«

»Der? Ich denke, der ist reicher als der König!«

»Na, den Blödsinn kannst du deiner Großmutter erzählen! Wieviel Hosen hat denn dein Herr?«

»Schwer zu sagen.«

»Zehn?«

»Vielleicht auch mehr...«

»Geh mal und hol dir eine nicht zu lange und recht warme Hose«, sagte Pepe.

»Wozu?«

»Du siehst doch, was für eine ich habe.«

Das war ziemlich schwer zu sehen: von Pepes Hosen war am Bein sehr wenig übriggeblieben.

»Ja«, gab die Schwester zu, »du mußt was anzuziehen haben! Aber er könnte ja denken, wir haben sie gestohlen!«

Pepe sagte mit Nachdruck: »Man muß die Menschen nicht für dümmer halten als sich selbst! Wenn man dort, wo viel ist, ein wenig wegnimmt, so ist das kein Diebstahl, sondern einfach eine Teilung!«

»Aber das ist doch Unsinn!« widersprach die Schwester, Pepe jedoch überredete sie bald. Und als sie eine schöne hellgraue Hose in die Küche brachte und sich herausstellte, daß sie ein wenig länger war als der ganze Pepe, da wußte er gleich, was zu tun war.

»Gib mal ein Messer her«, sagte er.

Mit vereinten Kräften hatten sie bald aus den Hosen des Amerikaners einen bequemen Anzug für den Jungen gemacht: Es war ein etwas zu breiter, aber sehr behaglicher Sack, der an den Schultern mit Bindfäden befestigt wurde, welche man um den Hals binden konnte, und die Taschen ergaben ausgezeichnete Ärmel.

Sie hätten ihn noch schöner und bequemer gemacht, aber die Gattin des Hosenbesitzers störte sie: Sie erschien plötzlich in der Küche und begann sie mit den schlimmsten Schimpfworten aus den verschiedensten Sprachen zu überschütten, die sie alle gleich schlecht aussprach, wie es die Amerikaner ja meistens tun.

Pepe konnte auf keinerlei Weise ihren Redefluß dämmen, er verzog das Gesicht, legt die Hand aufs Herz, griff sich verzweifelt an den Kopf und seufzte müde, aber sie beruhigte sich nicht eher, als bis ihr Mann erschien.

»Was ist los?« fragte er.

Und da sagte Pepe: »Signore, ich bin höchst erstaunt über das Geschrei, das Ihre Signora erhebt, ich bin sogar Ihretwegen etwas gekränkt. Soweit ich begriffen habe, denkt sie, wir haben die Hosen verdorben, aber ich versichere Ihnen, sie passen mir ausgezeichnet! Sie denkt wahrscheinlich, daß ich Ihr letztes Paar Hosen genommen habe und Sie sich kein anderes kaufen können...«

Der Amerikaner hörte ihn ruhig an und bemerkte dann:

»Und ich denke, daß man die Polizei holen muß, mein Bürschchen.«

»Sooo?« Pepe war sehr erstaunt. »Warum denn?«

»Damit sie dich ins Gefängnis stecken.«

Das betrübte Pepe sehr; er fing fast an zu weinen, aber er beherrschte sich und sagte mit Würde: »Wenn Ihnen das Spaß macht, Signore, wenn Sie gern Leute ins Gefängnis sperren – dann natürlich! Aber ich hätte das nicht gemacht, wenn ich viele Hosen hätte und Sie keine einzige! Ich hätte Ihnen zwei abgegeben, vielleicht sogar drei; wenn man auch eigentlich nicht drei Hosen auf einmal anziehen kann! Besonders an einem heißen Tag...«

Der Amerikaner lachte laut; manchmal sind ja auch reiche Leute lustig.

Dann bewirtete er Pepe mit Schokolade und schenkte ihm einen Franken. Pepe prüfte die Münze mit den Zähnen und sagte: »Ich danke Ihnen, Signore! Ich glaube, die Münze ist echt!«

Am nettesten ist Pepe, wenn er irgendwo ganz allein zwischen den Felsen steht und nachdenklich die Risse und Spalten betrachtet, als könne er darin die geheimnisvolle Lebensgeschichte der Steine lesen. In solchen Augenblikken sind seine lebhaften Augen weit geöffnet, sein Blick ist verschleiert, er hält die schmalen Hände auf dem Rücken, und sein leicht geneigter Kopf schwankt sacht wie der Kelch einer Blume. Er summt leise vor sich hin, denn er muß immer singen.

Lieb ist er auch, wenn er Blumen beobachtet: In lilafarbenen Strömen ergießen sich die Glyzinien über die Mauer, und vor ihnen steht der Junge, gespannt wie eine Saite, als lausche er dem leisen Raunen der seidigen Blütenblätter, die der Hauch des Meereswindes streift.

Er schaut und singt: »Fiorinooo... Fiorinooo...«

Aus der Ferne hört man, als würde ein riesiges Tamburin geschlagen, das dumpfe Seufzen des Meeres. Schmetterlinge flattern über den Blumen. Pepe hat den Kopf erhoben und folgt ihnen mit den Augen, er blinzelt ein wenig gegen die Sonne, lächelt etwas neidisch und traurig, aber doch gutmütig, weil er ja länger auf der Welt ist als sie.

»Cio!« schreit er und klatscht in die Hände, um eine smaragdgrüne Eidechse zu erschrecken.

Wenn das Meer glatt wie ein Spiegel daliegt und kein weißer Schaum von der Brandung auf den Steinen haftet, setzt sich Pepe auf einen Stein und blickt mit seinen scharfen Augen in das durchsichtige Wasser: Ruhig gleiten Fische durch den rötlichen Tang, flink huschen Garnelen vorbei, eine Krabbe kriecht seitwärts. Und über dem blauen Wasser klingt durch die Stille leise die helle, träumerische Stimme des Knaben.

»O Meer... Meer...«

Die Erwachsenen sagen von ihm: »Das wird ein Anarchist!«

Aber die Besseren unter ihnen, die mehr Verständnis für ihre Mitmenschen haben, sind anderer Meinung: »Pepe wird unser Dichter sein...«

Der Tischler Pasqualino, ein Greis mit einem Silberkopf und einem Gesicht wie auf einer alten römischen Münze, der weise und von allen verehrte Pasqualino aber sagt: »Die Kinder werden besser sein als wir und werden ein besseres Leben haben!«

Sehr viele glauben ihm.

Nachts

In der mondlosen Nacht vor Ostern geht langsam eine Frau in schwarzem Umhang durch die engen Spalten der Gassen am Rande der Stadt, ihr Gesicht ist von einer Kapuze verdeckt und nicht zu sehen, die üppigen Falten des weiten Umhangs machen sie riesengroß, sie geht und schweigt und scheint die stumme Verkörperung eines unermeßlichen Leids zu sein.

Ihr folgen ebenso langsam und dicht zusammengedrängt, als wären sie ein einziger Körper, Musikanten – die Messingtrompeten sind unheimlich ausgestreckt, sie erheben sich bittend zum dunklen Himmel und stöhnen und seufzen; näselnd, gleich unausgeschlafenen Mönchen, singen die Klarinetten, und wie ein böser Wind heult das Fagott; rachsüchtig klagt das Kornett, hoffnungslos sekundieren ihm die Waldhörner, das Baryton fleht traurig, dumpf stöhnt und dröhnt im Takt des düsteren Marsches die Große Trommel; die raschen trockenen Wirbel der Kleinen Trommel verschmelzen mit dem Schlurfen Hunderter von Füßen.

Matt blinken die gelben Blechinstrumente wie schwelendes Feuer, die Menschen, die sie tragen; erscheinen widernatürlich fremd; die Holzinstrumente ragen wie Rüssel vor – die Gruppe der Musikanten gleicht dem Kopf eines riesigen schwarzen Drachens, dessen Rumpf sich dunkel und schwerfällig zwischen den grauen Wänden der engen Gassen voranschiebt.

Ab und zu ergießt sich dieser seltsame Zug in der Nacht der letzten Leiden Christi über einen kleinen Platz von unregelmäßiger Form – solche Plätze sind wie Löcher, die die Zeit in das steinerne Gewand der Stadt gerissen hat –, dann zwängt sich alles aufs neue in den Spalt einer Gasse, als sollte sie auseinandergeschoben werden, und stundenlang kriecht der düstere Drache, an dem jedes Glied der lebendige Körper eines Menschen ist, durch die von einem schweigsamen Himmel bedeckte Stadt, hinter der Frau einher, die merkwürdige Ahnungen weckt.

Stumm und schwarz, gleichsam gelähmt von unüberwindlicher Trauer, sucht sie etwas in dieser Nacht, entführt die Phantasie tief in das Dunkel uralter Mythen und erinnert an Isis, die ihren Bruder und Gatten verlor – der böse Seth-Typhon zerfleischte ihn; es scheint, als ginge von ihrer rätselhaften Gestalt ein schwarzes Leuchten aus, als hülle dieses Leuchten alles ringsum in das grauenhafte Dunkel eines uralten Geschehens, das in dieser Nacht wieder lebendig wird, um die Menschen an das Vergangene zu erinnern.

Laut schlägt die Trauermusik gegen die Fenster der Häuser, die Scheiben klirren, die Menschen unterhalten sich gedämpft, doch alle diese Laute werden übertönt von dem dumpfen Schlurfen vieler tausend Füße auf dem Steinpflaster – die Steine unter den Füßen sind fest, doch die Erde erscheint unzuverlässig, es ist zu eng auf ihr, überall riecht es nach Menschen, und unwillkürlich schaut man zu dem verschleierten Himmel auf, wo matt die Sterne glänzen.

Doch schließlich flammt in der Ferne an einer hohen Mauer, an schwarzen Fensterquadraten der Widerschein eines roten Feuers auf; er flammt auf, erlischt, entzündet sich aufs neue, und wie das Rauschen des Waldes im Frühling geht ein gedämpftes Raunen durch die Menge: »Sie kommen, sie kommen ...«

Dort vorn entsteht ein ganz anderer, ein viel fröhlicherer Lärm und wird immer stärker, auch das Licht dort vorn flammt immer heller auf; es scheint, als beschleunige die Frau ihre Schritte, die Menge, wie zu neuem Leben erwacht, strömt ihr nach, selbst die Musik kommt für einen Augenblick aus dem Takt – die Klänge vermischen, verwirren sich, eine Flöte pfeift im Übereifer lächerlich hoch und ruft gedämpfte Heiterkeit hervor.

Und gleich darauf erblickt man ganz plötzlich und überraschend wie im Märchen einen kleinen Platz und auf dem Platz, im Schein von Fackeln und bengalischen Feuern, zwei Gestalten: die eine – in langem weißem Gewand, mit hellem Haar – ist, für jedermann kenntlich, Christus, die andere – in hellblauem Chiton – stellt Johannes dar, den Lieblingsjünger Jesu; um sie herum drängt sich die dunkle Menge mit Lichtern, auf den südländischen Gesichtern der Menschen malt sich das allen gemeinsame Lächeln einer großen Freude, die sie selber zum Leben erweckt haben und auf die sie stolz sind.

Christus – auch er ist heiter – hält in der einen Hand das blumenumwundene Werkzeug seiner Marter und fährt mit der anderen rasch durch die Luft, er spricht; Johannes, jung, bartlos und schön wie Dionysos, wirft den krausen Kopf in den Nacken und lacht.

Die Menge ergießt sich gleich einem zähflüssigen Strom über den Platz und bildet sofort einen Kreis; jene Frau aber schwebt plötzlich, als gleite sie durch die Luft, schwarz wie die wolkige Nacht auf Christus zu, bleibt stehen, kurz bevor sie ihn erreicht, und schlägt die Kapuze zurück; wie eine Wolke sinkt der Umhang zu ihren Füßen nieder.

Da erhebt sich, von der Kapuze befreit, im fröhlichen, stolzen Flackern der Lichter der strahlende Kopf der Madonna, er leuchtet im Gold des üppigen Haares, und unter dem Umhang hervor und aus den Händen der Menschen, die der Mutter des Herrn am nächsten stehen, schwingen sich flügelschlagend Dutzende weißer Tauben in die dunkle Luft, einen Augenblick scheint es, als schwebten die drei so merkwürdigen, so überirdischen Gestalten zum Himmel auf – die Frau im weißen, silberschimmernden Kleid und im Schmuck der Blumen, der weiße, wie durchsichtige Christus und der hellblaue Johannes –, und um sie herum wie eine Schar von Engeln die weißen, flügelschlagenden Tauben.

»Gloria, madonna, gloria!« ruft die schwarze Menge aus tausend Kehlen, und die Welt verändert sich – überall in den Fenstern flammen Lichter auf, Hände mit Fackeln strecken sich in die Höhe, überall sprühen goldene Funken, es leuchtet in Rot, in Grün, in Violett, die Tauben schweben über den Köpfen der Menschen, alle Gesichter blicken empor, und man hört freudig rufen: »Gloria, madonna, gloria!«

Der Widerschein der Lichter flackert auf den Häuserwänden, aus allen Fenstern blicken Kinder, Frauen und Mädchen, die farbenfrohen Tupfen ihrer Feiertagskleidung blühen wie riesige Blumen, die Madonna steht, von Silber überflutet, zwischen Johannes und Christus und scheint zu glühen, zu zergehen – sie hat ein breites rosiges und weißes Gesicht und große Augen, das dicht gelockte goldene Haar bedeckt den Kopf wie eine Krone und fällt in zwei prächtigen Wellen auf die Schultern herab. Christus lacht laut und fröhlich, wie es einem Auferstandenen geziemt, die blauäugige Madonna lächelt und schüttelt den Kopf, und Johannes hat eine Fackel ergriffen, schwingt sie in der Luft und versprüht ihr Feuer – er ist gern ausgelassen, noch ein richtiger Junge, schmal, scharfäugig und gewandt wie ein Vogel.

Alle drei lachen jenes unwiderstehliche Lachen, das es nur unter südlicher Sonne, am Ufer heiterer Meere gibt, und es lachen auch die Menschen, die in ihre Gesichter schauen, diese feiertäglichen Menschen, die aus allem ein schönes Schauspiel zu machen verstehen und selber das schönste sind.

Natürlich sind auch die Kinder dabei, sie kreisen um die

drei Gestalten wie in der Luft die weißen Vögel und rufen mit ihren hellen Stimmen erregt und freudig: »Gloria, madonna, gloria!«

Die alten Frauen beten – sie blicken auf diese Dreieinigkeit, die schön ist wie ein Traum, und wissen, daß Christus ein Tischler aus der Pisacane-Straße, Johannes ein Uhrmacher und die Madonna ganz einfach Anita Bragaglia, die Goldstickerin, ist; die alten Frauen wissen das alles sehr gut, aber sie beten, und ihre welken Lippen murmeln fromme Worte des Dankes an die Madonna für alles, für alles... besonders dafür, daß es sie gibt...

Irgendwo wird feierlich gesungen, und unwillkürlich erinnert man sich der alten, vertrauten Weise: »Wir feiern des Todes Überwindung...«

Es dämmert, fröhlich hallt es aus den Kirchen, die Glocken überschlagen sich, beeilen sich, zu verkünden, daß Christus, der Gott des Frühlings, auferstanden ist; die Musikanten haben sich auf dem Platz zu einem engen Kreis zusammengeschlossen, die Musik spielt, und viele Menschen gehen, sich in ihrem Takt wiegend, in die Kirchen; auch dort dröhnen jubelnd die Orgeln, und unter den Kuppeln schwirren Vögel, die die Menschen mitgebracht haben, um sie im gleichen Augenblick freizulassen, da die brausenden Stimmen der Orgel den Lobgesang für den auferstandenen Gott des Frühlings anstimmen werden.

Es ist ein hübscher Brauch, die Vögel, diese reinsten aller Lebewesen, ins schönste Fest der Menschen einzubeziehen; das Herz ist wunderbar bewegt, wenn die kleinen buntgefiederten Geschöpfe zu Hunderten in der Kirche umherflattern, zwitschern und singen, sich auf Gesimsen und Statuen niederlassen, selbst in den Altarraum eindringen.

Der Platz wird allmählich leerer; die drei hellen Gestalten fassen einander unter, beginnen einmütig und schön zu singen und biegen in eine Gasse ein, die Musikanten folgen ihnen, und auch die Menge schließt sich an; die Kinder laufen nebenher – sie erinnern im Schein der schönen Lichter an eine gerissene, verstreute Korallenkette, die Tauben aber haben sich längst auf Dächern und Gesimsen niedergelassen und gurren.

Und wieder denkt man an ein schönes Lied: »Christ ist erstanden...«

So werden wir alle auferstehen von den Toten, den Tod überwinden durch den Tod.

Konstantin G. Paustowskij

Die Lebenserinnerungen des russischen Schriftstellers Konstantin Paustowskij gehören zur großen Memoirenliteratur unseres Jahrhunderts. Über das bloß Historische hinaus gibt Paustowskij tiefe Einblicke in das russische Leben, die russische Kultur und in die Seelen der russischen Menschen. Erzählerisch meisterhaft gibt Paustowskij authentisch Zeugnis von jenen entscheidenden Jahren des großen geschichtlichen Umbruchs, der dann den ganzen Erdball erschütterte.

Unruhige Jugend
Band 5344

Beginn eines unbekannten Zeitalters
Band 5345

Die Zeit der großen Erwartungen
Band 5346

Erinnerungen an Kindheit und Jugend
Band 5803

Sprung nach dem Süden
Band 5804

Buch der Wanderungen
Band 5805

Am Kai von Neapel
Neunzehn Erzählungen. Band 5856

Fischer Taschenbuch Verlag

fi 203/3

fi 375/4

Kinderleben

Dichter erzählen von Kindern

Zusammengestellt von Ursula Köhler

Band 9180

Die Dichter wissen es, daß Kindheit eine sehr schwierige, entsetzlich aufregende und anstrengende Lebensphase ist, bestimmt von intensiven und bedrohlich unbekannten Gefühlen, Gefühlen der Verzauberung, der Beglükkung und leidenschaftlicher Anteilnahme ebenso wie von verschiedensten Ängsten, Gewissensqualen und kleinen, unendlich großen Tragödien – die fast das Leben kosten, wäre da nicht der gnädige tiefe Kinderschlaf, der über »Unordnung und frühes Leid« heilsames Vergessen breitet.

Der Band enthält Erzählungen von H. Chr. Andersen, William Heinesen, Thomas Mann, Hermann Hesse, Franz Nabl, Tibor Déry, Valery Larbaud, Katherine Mansfield, Elizabeth Bowen, William Saroyan, Katherine Anne Porter, Wolfgang Borchert, Elisabeth Langgässer, Ilse Aichinger, Mark Helprin, Cristina Peri Rossi und Jamaica Kincaid.

Fischer Taschenbuch Verlag

fi 656 / 1